「いい質問」が人を動かす

弁護士
谷原誠
Tanihara Makoto

文響社

はじめに

なぜ、いま質問する力が求められるのか？

「なぜ、いま質問する力が求められると思いますか？」

こう質問されると、何を考えますか？

「なぜ求められるのだろう？」

と考えますよね？

実は、そう考えさせてしまうことこそが質問の力です。

「え？　何だって？　言っている意味がわからないけど」

そんな声が聞こえてきそうです。ちょっと説明させてください。

質問は、相手を強制的に特定の方向で考えさせる力を持っています。今の「なぜ、いま質問する力が求められると思いますか？」という質問をされた時、「なぜだろう？」と考えたと思いますが、本来は、「なぜ求められるのか？」を考える前に、その質問は、正しいのか、つまり、「質問する力は、本当にいま求められているのかどうか？」を考えなければならないはずです。そして、「質問する力は求められている」という結論に至って初めて「なぜ求められるのか？」を考えるのです。

しかし、冒頭のように質問されると、「質問する力が求められている」ことが前提となってしまって、「なぜ求められているのか？」という1つ先の問題について無意識のうちに考えてしまうのです。

このような**質問の力を身につけると、あなたは人生を思い通りにコントロールすることができるでしょう。**

太古の昔、人は「どうやって水のある場所に行くか」という質問をしていました。そして、水のある場所への移動方法を工夫しました。ところが、ある日から、質問が変わりました。

「どうやって水をここまで運んでこようか？」

この質問により、灌漑《かんがい》技術が生み出され、農耕が始まったと言われます。まさに質問によって文明が開化した瞬間です。

それから時は流れました。近代物理学の祖、ニュートンは自分に対して質問しました。

「なぜリンゴは落ちるのか？」

この質問により、万有引力が発見されました。物理学に進歩をもたらしたのです。

さらに時は流れます。昔、自動車の組み立ては、一カ所で行われていました。組み立て場所に、入れ替わり立ち替わり作業員が来て、順次組み立てていたのです。自動車王フォードは考えました。

「人間が移動するのではなく、車が移動することはできないか？」

この質問により、ベルトコンベヤー式の自動車組み立て方法が発案され、大量生産を可能にしたのです。質問が産業を発展させた瞬間です。

アインシュタインは、言っています。

「大切なのは、質問をやめないことだ」（『その気にさせる質問力トレーニング』、ドロシー・リーズ著、桜田直美訳、ディスカヴァー・トゥエンティワン）と。そして、世紀の大発見である相対性理論を発見したのです。

このように、**人は、質問を発し、その答えを求めることにより、文明を発展させ、**

快適な生活を実現し、地球の王となりました。

本書では、この偉大な「質問の力」にスポットライトをあて、質問する力を身につける方法を探っていきたいと思います。

なぜ、私は質問の力に目覚めたのか

ここで、なぜ私が質問の力に興味を持ったのかについてお話ししたいと思います。

私は、25歳で弁護士になりました。25歳の若輩者で弁護士になったことから、相手にはなめられ、依頼者からは不安がられ、悔しい思いをしました。そこで私は、なんとか自分を大きく見せようと、やたらと相手に食ってかかり、議論を挑みました。相手を議論でやっつけることで、自己満足を得ていたのです。

この時期も私は相手に質問することはありましたが、「そんな理屈が通るわけがないでしょう?」というような、挑戦的な質問を多用していました。

そんな時、土地の問題での訴訟で弁護士がついていない相手方から次のようなことを言われました。

「先生は勝って嬉《うれ》しいでしょうが、私がどんな気持ちでいるかわかりますか？」

私はショックを受けました。私にはこの質問に答えることができませんでした。

裁判は勝つことが目的ではないのか？　勝って何が悪いのか？

私は自分に質問しました。

その訴訟は、隣人同士の争いだったため、裁判が終わってからも紛争が続いたのです。私はどうすべきだったのか？

自問しました。そもそも私は何のために代理人になったのか？

答えは明白でした。

「依頼者の最大限の利益を獲得するためです」

そうです。私は相手に勝つだけでなく、紛争を抜本的に解決し、依頼者の最大限の利益を獲得すべきだったのです。そのために私は何をすべきだったのでしょうか？

私がすべきだったのは、慎重に選ばれた質問により依頼者の本当のニーズを探り、相手に質問することによって相手の置かれている立場を探り、妥協点を見いだすことだったのです。

私は質問をして依頼者を知り、相手を知り、解決すべき結論を知らなければならなかったのに、質問をしないばかりに、全て知らないまま、独りよがりの裁判を続けていたのです。その結果、裁判に勝っても、相手からは恨みを買い、そのせいで相手と依頼者との間にさらなる紛争の火種を作る、という本末転倒な結果を招いてしまっていたのです。**私は弁護士失格でした。**

私は人間理解が足りなかったのです。私は人を理解するため、本を読みあさりました。その中で、デール・カーネギー著『人を動かす』（山口博訳、創元社）を読み、衝撃を受けました。そこには人間の本質が書かれていました。特に次のような趣旨の内容が、その時の私の心に響きました。

「人間は自尊心のかたまりです。**人間は、他人から言われたことには従いたくないが、自分で思いついたことには喜んで従います。**だから、**人を動かすには命令してはいけません。自分で思いつかせればよいのです**」

いま考えると当然のことが書かれています。あなたはもう知っていることかもしれません。しかし、若い私はこんなことすら知りませんでした。私は、それまで全く間違っていたのです。人を動かすには理屈で勝ち、説き伏せればよいのだと思っていました。しかし、現実は逆だったのです。そして、それは私の弁護士としての失敗をまざまざと物語っていました。

その後も私は、ロバート・B・チャルディーニ著『影響力の武器』（社会行動研究会訳、誠信書房）やロジャー・フィッシャー、ウィリアム・ユーリー著『ハーバード流交渉術』（金山宣夫他訳、三笠書房）などに影響を受け、弁護士業務における交渉方法や説得方法を改善していきました。それから25年あまり、交渉や説得の場面における時間配分は、その多くが質問の時間になってしまいました。

その結果、私はとても多くの成果を得ることができるようになりました。質問を多くすることで依頼者のニーズを引き出し、相手から情報を引き出し、そして衝突することなく相手を説得することができるようになったのです。

いま、私は断言できます。

人を動かすには、命令してはいけません。質問をすることです。人をその気にさせ

るには質問をすることです。また、人を育てるには質問をすることです。そして、人生で勝利するには、やはり質問をすることなのです。

人生を成功に導く、質問の6つの力

ここで、1つ質問させてください。

「小さい頃、嬉しかった思い出は何ですか？」

人は質問をされると、その質問に答えようと考えてしまいます。そして、答えを探します。私も「小さい頃、嬉しかった思い出は何ですか？」と質問されると、幼少時の思い出が蘇《よみがえ》り、ずっと欲しかったおもちゃの「ミクロマン」を誕生日に買ってもらって涙が出るほど嬉しかったことを思い出します。おそらくあなたも先ほどの質問をされたら、私のように小さい頃の嬉しかった出来事を思い出していることでしょう。

私たちは普段から小さい頃のことを考えて暮らしているわけではありません。ほとんど忘れ去っています。ところが、1つ質問をされるだけで、時空は何十年もさかのぼり、小さい頃の思い出を探り、その答えを見つけ出してしまうのです。

つまり、「質問をされると、①思考し、②答えてしまう」のです。まるで強制されるように思考し、答えてしまうのです。

この質問による「①思考」と「②答え」の強制力という2つの機能が重要です。私たちは、パブロフの犬がベルの音で反射的によだれを出してしまうように、質問に対して反射的に思考し、答えてしまいます。

この2つの機能により、私たちは質問による次の6つの偉大な力を手にすることができます。

1　思いのままに情報を得る
2　人に好かれる
3　人をその気にさせる
4　人を育てる
5　議論に強くなる

6　自分をコントロールする

この6つの力は、人生で成功するために必要な力だと思いませんか？

まさに**質問する力を身につけることは、人生で成功する力を身につけることに等しい**と言えるでしょう。

人生を変える質問の力により、あなたの人生がより良い実り多きものになることを願ってやみません。

弁護士　谷原 誠

もくじ

第2章　聞くだけで人に好かれる「いい質問」　63

第3章 その気にさせる「いい質問」 99

第4章　人を育てる「いい質問」　167

1

知りたい情報を楽々獲得する6つのテクニック

オープンクエスチョンとクローズドクエスチョン

便利な時代になりました。情報を得る方法がいろいろあります。インターネット、テレビ、ラジオ、新聞、雑誌、本など、世の中にはおびただしい情報があふれています。しかし、最も古くから情報収集法として活用され、かつ現在でも最も信頼されている方法が、「人から聞く」という方法です。**人から聞く情報が一番早く、かつ、もしその人が信用できるのであれば、最も信頼性が高い情報と言えるでしょう。**

情報を人から聞くためにはどうすればよいでしょうか？

もちろん「質問する」ことです。

あなたは知りたい情報があるときには、人に質問することにより、欲しい情報を手にすることができるでしょう。

情報収集のための質問にも種類があります。大きく分けると「オープンクエスチョン」と「クローズドクエスチョン」です。

「オープンクエスチョン」というのは、たとえば「この本はどうですか？」のように、相手に自由に考えてもらい、自由に答えてもらう質問のことです。答えがオープンになっています。これに対し「クローズドクエスチョン」というのは、たとえば「この本は好き？　それとも嫌い？」のような二者択一のように、相手の答え方が制限されているものです。質問者が答え方を2つに限定してしまっています。

ただし、質問は、この「オープンクエスチョン」と「クローズドクエスチョン」の2つではありません。「オープンクエスチョン」と「クローズドクエスチョン」の間には、無数の段階があります。例として4つに分けてみましょう。

1　フルオープンクエスチョン

「この本はどうですか？」

2　セミオープンクエスチョン

「この本を読む目的は何ですか？」（目的により制限しています）

3　セミクローズドクエスチョン

「この本の内容を仕事上のどのような場面で生かしたいですか？」（仕事という制限と、その中の場面という制限を加えています）

4　フルクローズドクエスチョン

「この本は好き？　それとも嫌い？」（答えは2つしかありません）

ここでは4つに分けてみましたが、4つに限定されるわけではありません。質問への制限の仕方により、無数のバリエーションが生まれるでしょう。

では、この「オープンクエスチョン」と「クローズドクエスチョン」は、どのように使い分けて情報を収集したらよいでしょうか？

基本的には、**自由に考えて自由に答えることによって情報を得たい場合には「オープンクエスチョン」**、あまり余計なことは言わず、**端的に答えが欲しい場合は「クローズドクエスチョン」**ということになるでしょう。

たとえば、ある契約を結ぼうとするときに、契約書を弁護士にチェックしてもらうとします。この場合には、契約書にどんな問題があるのか、どんな観点で契約書を読めばよいのかさっぱりわからないので、「この契約書の問題点はどのような点でしょうか？」とオープンクエスチョンで質問します。しかし、たとえば弁護士に裁判を依頼しており、今日裁判で判決が出たという場合には、結論は「勝ちか、負けか」だろうと、答えを予測できるので、弁護士に対して「判決は勝ちましたか？　負けましたか？」とクローズドクエスチョンで質問すれば足ります。

また、就職先を探している学生からアドバイスを求められている場合には、自分の意見よりも、本人がどう考えているかを知らなければならないので、「どういう仕事に就きたいの？」という質問をして大きな方向性を確認し、その後「その仕事のどこがいいの？」などと、本人が何を求めているかを探っていく質問につなげるためにオープンに質問します。

これに対し、「将来性のある仕事とない仕事とどちらがいいの？」などは、「将来性のある仕事に就きたい」という答えを誘導しているクローズドな質問と言えるでしょう。

あるいは、「どうすればもっと効率的に仕事ができると思いますか？」というのは、部下に考えて欲しいときにオープンに質問する場合であり、「この目標を達成する気はあるか？」というのは、考えさせず「あります」という答えを期待しているクローズドな質問です。

これを表にすると、図1のようになります。

このように、「オープンクエスチョン」と「クローズドクエスチョン」は、質問する目的に合わせ、使い分けることが必要です。そして、どの程度質問に制限を加えてクローズドにするかも質問者が自由に決定することができます。

この「オープンクエスチョン」と「クローズドクエスチョン」を使い分けるだけでも、あなたの質問する力は格段に上達することでしょう。

では、質問の基本形には、どのような種類があるのでしょうか？

図1　オープンクエスチョンと クローズドクエスチョンの使い分け

オープンクエスチョン	クローズドクエスチョン
自分で答えを予想できないので、自由に話させたい場合	自分で答えが予想できるので、余計な話をして欲しくない場合
自分で方向性を打ち出して欲しい場合	誘導したい場合
考えて欲しい場合	自由に考えさせたくない場合

全てを聞き出す6つのベーシック・クエスチョンとは？

他人に質問をするとき、答える人が質問者の意図を正確にくみ取って、欲しい情報だけを過不足なく答えてくれれば苦労はしませんが、実際にはそんなことはあり得ません。やはり質問する側が、どのような情報が欲しいかを相手に伝え、上手に質問しなければ、欲しい情報は手に入らないものです。

このときに重宝するのが「5W1H」です。これは、「What（何）」「Who（誰）」「When（いつ）」「Where（どこ）」「Why（なぜ）」「How（どのように）」から構成されます。これらは文章の基本であると同時に情報の基本でもあるのです。

たとえば、「セミナーを受けたい」と言っている人に対して「5W1H」で質問してみましょう。

「何のセミナーを受けるの？」（What）
「誰のセミナーを受けるの？」（Who）
「いつセミナーを受けるの？」（When）
「セミナーはどこで行われるの？」（Where）
「なぜセミナーを受けるの？」（Why）
「セミナーをどのように生かすつもり？」（How）

このように、「セミナーを受けたい」という1つの情報について、「5W1H」を使って質問するだけで、様々な情報を得ることができます。

ただし、「なぜ（Why）」の使い方だけは注意が必要です。「なぜ？」と質問されると、「なぜなら〜」と答えるように、答えに論理性を求められるからです。答えに論理性を求められるとなると、論理的に答えなければならないので、頭を使わなければなりません。論理性がないことを言うと「バカ」と思われるので、一生懸命に頭を使って理由を考えて答えるのです。つまり、質問された相手が「苦痛」を感じるのです。苦痛を感じてしまうと、気分を害する場合もあります。

たとえば、次のようなことになります。


「なぜセミナーを受けるの？」

「仕事で生かそうと思って」

「なぜ仕事で生かそうと思うの？」

「もっとスキルアップしようと思うからだよ」

「なぜもっとスキルアップしようと思うの？」

「将来は社長を目指しているからだよ」

「なぜ将来は社長を目指すの？」

「裕福な生活をしたいからだよ」

「なぜ裕福な生活をしたいの？」

「……いい加減にしろ（怒）！」


このように、「なぜなぜ攻撃」をされると、論理的に答えようと考えるとともに非常に苦痛を感じて嫌になってしまいます。ですから、質問者は、気持ちよく答えてもらうためにはなるべく「なぜ」を使わないようにしなければなりません。
「なぜ」を使わないようにするには、「なぜ」を「何」や「どのように」に置き換えるとよいでしょう。たとえば、「なぜセミナーを受けると仕事に生かせるの？」という質問は、次のように言い換えることができます。

「セミナーを仕事で生かせるのは何の場面でしょうか？」
「どのように仕事で生かせるでしょうか？」

次ページの図2をご覧下さい。このように言い換えることによって、答える方は、「論理性」にとらわれることなく答えを具体的にイメージして答えようとし、苦痛が軽減されるようになります。

では、「なぜ」は使わない方がよいのでしょうか？
実は「なぜ」にも非常に有効な使い方があります。それは、論理的に答えを突き詰

図2 「なぜ」を言い換える

なぜそんなに怒ってるの？

↓

変換

↓

- What：何が気に入らないの？
- Who：誰のことを怒ってるの？
- When：いつのことを怒ってるの？
- Where：どこで起きたことに怒ってるの？
- How：どうすれば怒りが収まるの？

めたい場合です。ビジネスの場面で有効でしょう。トヨタでも問題を解決するには「なぜを5回繰り返す」という伝統があるそうです。

具体的には次のように突き詰めていきます。


「なぜ先月は営業目標に達しなかったの？」

「契約にいく前に話が終わってしまうのです」

「なぜ契約にいく前に終わってしまうの？」

「そこまで信頼関係が築けないからです」

「なぜ契約までの信頼関係が築けないの？」

「飛び込みでいくと、初めから警戒されてしまうからだと思います」

「なぜ飛び込みでいくの？」

「紹介がもらえないからです」

「なぜ紹介がもらえないの？」

「うーん。今まで既存のお客様に紹介をお願いしたことがなかったからでしょうか。今月は、既存のお客様に紹介をお願いすることから始めたいと思います」

このように、**「なぜ」を繰り返していくと、論理的に考え、次第に問題の核心に迫ってゆくことができます。特にビジネスで部下に対して質問する場合や、自分で問題を突き詰めて考えるような場合に有効です。**

では、「なぜ」の他に、質問する際に注意すべきことはどんなことでしょうか？

答えやすい質問をする

相手に質問し、価値ある情報をもらう場合には、相手の立場にたって、相手が答えやすいような質問をしなければなりません。人は質問をされた場合、その質問の意図を読みとり、その意図に沿った範囲で答えようとします。たとえば、友人から「昨日どこに行ったの？」と聞かれたら、「会話の話題を探しているのかな？」などと考え、「昨日はディズニーランドに行ってさ」などと答えます。このとき、質問者の意図を考えないと、「昨日は家を出て三丁目の角を右に曲がって地下鉄の駅に行って、その後電車に乗って銀座駅まで行って……」などと行った場所を事細かに全て答えるかもしれません。

つまり、**私たちは質問をするだけで相手を強制的に考えさせているのです。**したがって、相手から情報を得ようとして質問をするときは、**相手への礼儀として、なるべく相手に負担をかけないように質問しなければなりません。**

たとえば、パソコンを買おうと思っているときに、パソコンに詳しい人に、「いいパソコンない？」などと質問すると、パソコンを欲しがっているのか、あるいは、単に性能のいいパソコンを知りたいだけなのか、どういう意味で「いい」と言っているのか、さっぱりわかりません。その結果「どうしたの？　パソコン買うの？」などと、逆に質問をされる結果となってしまいます。これでは相手に対する礼儀に欠けると言わざるを得ません。

少なくとも「実は、今度仕事で使うためのノートパソコンを買おうと思っていて、動画編集が主な仕事なんだけど、軽くてなるべく安いパソコンないかな？」などと質問しましょう。そうすれば、相手は、自分が知っている範囲であなたの希望に合うパソコンの情報をくれるでしょう。そして、情報をもらったら、「ありがとう」と言うことです。これでバランスが取れます。

テレビの販売員がお客様が来店した際、質問するときも同様です。いきなり「何画素のテレビをお探しですか？」などと聞いたら普通のお客様はびっくりするでしょう。普通の人は、何画素かどうかでテレビを選んだりしないからです。それよりも、ここでの質問は、お客様のニーズを引き出すのが目的です。たとえば、「本日は、ご家庭で観るテレビをお探しですか？」などのように、**答えるのがいとも簡単な質問から入り、**どのくらいの画面の大きさが必要か、画面は見られればよいのか、あるいは美しさを重視するのか、など、**ニーズを引き出してゆくのです。**そうでなければお客様は質問されることに嫌気がさして、とっとと他の店に行ってしまうでしょう。

また、相手が答えにくい質問というものがあります。質問者のことを考えると、正直に答えづらいような質問です。たとえば、「なぜ当社との関係を切ってライバル会社にしたのですか？」などという質問には、お客様は答えにくいでしょう。なぜならあなたの会社の悪いところ、気に入らないところを答えなければならないため、あなたが気を悪くするのではないか、と気遣ってしまうからです。このようなときは、次のように質問方法をポジティブに変換する必要があります。

「当社は、どのようにしていればご契約を継続できたでしょうか？」
「当社において、ここを変えるともっと良くなる、というところを挙げるとすれば、どこでしょうか？」
「〇〇社のどのような点がもっとも魅力的だったのでしょうか？」

次の質問も同じでしょう。

「私の欠点はどこですか?」

親友は別にして、この質問にも答えにくいものです。これもポジティブに変換してみましょう。

「私の長所はどんなところでしょうか?」。これは、長所の裏返しが欠点であるからです。

「私は、どうすればもっと魅力的になるでしょうか?」

このように、質問で情報を得ようと思ったら、相手が答えやすい質問をするというのは、最低限の礼儀なのです。

では、質問する前に最低限考えておかなければならないことは何でしょうか?

質問を始める前にチェックすべき4つのポイント

①　何を目的として質問するか

すでに書いたように、質問には、６つの力があります。

1　思いのままに情報を得る
2　人に好かれる
3　人をその気にさせる
4　人を育てる
5　議論に強くなる
6　自分をコントロールする

質問をするときは、この6つの力のうち、何を目的にするか、を明確にしておくことが必要です。なぜなら、**目的によって、質問の仕方が異なってくるからです。**

たとえば「本を読みますか?」という質問があったとします。この単純な質問でも、目的によって質問の方法は異なってきます。相手が本を読むかどうかを知りたいときは、「あなたは本を読みますか?」ということになりますし、どんな本を読むか知りたいときは、「あなたはどんな本を読みますか?」という質問になります。

人に好かれる目的であれば、「あなたはどんな本が好きですか?」と聞いて好きな本をイメージしてもらい、「実は私もそういう本が好きなんですよ。趣味が同じですね」と言って相手に合わせたりします。

人をその気にさせることや、人を育てることが目的であれば、「1年後どんな自分になりたいですか?」などの質問で現状とのギャップを認識させ、「そのためにどのような知識が必要でしょうか?」と方法論に入り、「そのような知識を得るためにはどんな本を読むことが必要だと思いますか?」などと、本を読むことが必要だという気にさせていきます。

このように、1つの質問であっても、何を目的とするかで質問の仕方が異なります。

したがって、**質問を始める前には、「私は何のために質問するのか？」と自分に質問をし、その答えを明確にしてから質問を開始するようにしましょう。**

② 相手は質問するのに最適な人物か

私は先日、道に迷ってしまいました。地図アプリでもよくわかりません。誰かに道を聞こうとして周囲を見回すと、2人の通行人がいました。1人はバックパックを背負った旅行者風の外国人です。他にはスーパーの買い物袋を提げた中年女性でした。私は迷わず中年女性に声をかけ、道を聞きました。あなたもそうするでしょう。なぜなら、道を聞くのは、その周辺の土地について知識を持っている人に聞かなければ意味がないからです。

つまり、誰かに質問をし、情報を得ようとしたら、その情報を持っている人に質問をしなければならないのです。会社の警備員に、会社の予算のことを聞いても意味がないかもしれません。やはり経理部に問い合わせる方が適切でしょう。

したがって、**質問をするときは、「誰に質問をすると、もっとも望ましい情報が得**

られるか」を考えた上で質問をする相手を選ばなければなりません。

ただし、「誰に質問をしたらよいか」がわからない場合もあります。この場合には、「誰に質問をするのが最適かを知っている人」に対し、「誰に質問したらよいですか？」と質問をすることとです。たとえば、先ほどの道に迷った例での中年女性も、私の目的地を知らなかったときには、「では、どこで道を聞けばよいですか？」と聞けば、「そこの角に交番がありますので、そこで聞いてください」と求める情報を提供してくれるかもしれません。

そうやって１つずつ階段を上り、求める情報に近づいてゆくのです。

③ 質問に適したタイミングはいつか

質問をするには、タイミングをはかることも必要です。

会社で、ちょうど出かけようとバタバタしているときに、質問や相談をする人がいます。もっと前に質問する余裕は十分あったはずなのにです。これでは、相手は時間的余裕がないわけですから、こちらが求めるのに必要十分な情報を与えてくれないかもしれません。特に忙しい人が忙しくしているときに質問したら、答えてすらくれないかもしれません。情報を得るためにに質問をするのですから、相手の置かれた状況に配慮し、気配りをした上で質問しなければなりません。

④ 質問は最適か、他にもっと良い質問はないか

質問の目的を明確にし、質問するのに最適な人に、最適なタイミングで質問するとして、いよいよどのように質問するかを考えてみましょう。

質問は、どのように質問するかで答え方を決めてしまいます。したがって、質問の仕方を十分考えて質問しなければなりません。たとえば、ある会社に機械を売り込もうとして、営業に行き、「今、御社がお使いの機械が、当社の機械より劣る点をお教えしましょうか？」などと質問してはいけません。そのお客様は、実際にその機械を選び、使っているのです。先ほどの質問は、お客様の決断が間違っていると言っているに等しい質問です。

このような場合には、相手の自尊心に配慮しなければなりません。つまり、相手の

決断を正当化した上で、自社の機械の優位性を示せるような質問を慎重に選ばなくてはいけません。そこで、「今お使いの機械もすばらしい機械ですが、気に入らない点をあげるとすれば、どこでしょうか?」という質問を思いつきます。しかし、これでもまだ少しひっかかります。さらに相手の決断を正当化するならば、「今お使いの機械の改良すべき点を1つあげるとすれば、どこでしょうか?」という質問を思いつきます。そして、この質問を相手に投げかけることになります。

この最適な質問を選び出す作業は一瞬のうちに行わなければなりません。私の場合だと、相手に質問しようとするときには、複数の質問の仕方が同時に頭に浮かびます。そこで、「この中でもっとも私が必要とする情報を得られそうな質問はどれだろう?」と自分に質問し、その中から最適と思われる質問を選び出します。そして、さらに「この質問よりも、もっと適切な質問はないだろうか?」と自分に質問し、質問を練り直します。その結果、得られた質問を相手にするのです。この作業は一瞬のうちに行う時もあれば、数秒をかけて行う時もあります。

弁護士は、裁判で証人尋問を行いますが、この証人尋問の準備には膨大な時間を費やします。どの質問を、どの順番で行うか、相手がどう答えたら、次にどのような質問を行うかを徹底的に研究するのです。１つの質問を間違えると、不利な証言を引き出してしまうかもしれません。逆に、１つの質問で依頼者に圧倒的に有利な証言を引き出せることもあります。それで勝敗が左右されるのです。

その意味で、弁護士は、どの質問が最適な質問かを常に考えているのです。

ところで、名探偵シャーロック・ホームズが答えに辿りつくために質問する際に行っていた、あることをご存じですか？

シャーロック・ホームズの推理質問法とは？

名探偵シャーロック・ホームズは、ワトソンと初めて出会った時、事前に何も聞いていなかったのに、ワトソンに対して、「あなたアフガニスタンに行ってきましたね？」と質問しています。そして、実際ワトソンは、アフガニスタンに行っていたのです。ワトソンは、知人に対し、「僕がアフガニスタンから帰ってきたなどということを、彼はいったいどうして知ったのだろう？」と言って不思議がりました。

相手に質問をして情報を得ることは、もちろん言葉をもって行うことです。しかし、世の中に溢《あふ》れる情報は、言葉だけに限りません。視覚、嗅覚《きゅうかく》、聴覚、味覚、触覚など様々な情報があります。質問をして情報を得ることは大切ですが、**あらゆる感覚を動員し、それらと言葉によって得た情報を融合させ、仮説を立てながら質問をしてゆくことが大切です。**

ちなみにシャーロック・ホームズがワトソンに対して質問をするために立てた仮説は、次のとおりです。

1「ここに医者タイプで、しかも軍人ふうの紳士がいる。医者、軍人、紳士の3つが調和する職業は何か？　おそらく軍医だろう」

2「顔はまっ黒だが、手首は白い。これは何を意味しているか？　それはもともと肌が黒いわけではなく、日焼けをしたのだとわかる。熱帯地帰りだと推測できる」

3「顔が憔悴《しょうすい》しているが、これは何を意味しているのだろう？　おそらく艱難《かんなん》をなめ病気で悩んだのであろう」

4「左腕の動かし方がぎこちなくて不自然だ。これは何を意味しているだろう？おそらく左腕を負傷しているのだろう」

1〜4の推理によると、1軍医、2熱帯地帰り、3艱難をなめ病気で悩んだ、4左腕を負傷している、ということになります。これらを全て満たすのは、当時の状況から考えてアフガニスタンから帰ったところである、との仮説を立てたのです。そして、ホームズは、ワトソンに対し、その仮説に基づき、「あなたアフガニスタンに行ってきましたね？」と質問したのです。ホームズは、この仮説に至るまでに1秒も要しなかったといいます。

このように、**得られる情報から仮説を立てて、その仮説に基づいて質問をすると、情報もスムーズに得られることになります。**漫然と質問をしていたら時間ばかりかかってしまいますし、相手の時間を奪ってしまい、迷惑をかけてしまうことになります。「一を聞いて十を知る」ではありませんが、相手が何か言ったら、その発言と他の発言や事実とを検討し、自分なりの仮説を立て、その仮説に基づいて質問することが大切です。

ダメな質問の7つのパターン

質問にも良い質問とダメな質問があります。ここでは、人に質問をするときに陥りやすいダメな質問の7つのパターンを紹介します。

①　ネガティブ・クエスチョン

ネガティブ・クエスチョンというのは、相手を否定的な考えに追い込んでしまう質問です。質問には、相手の思考を強制する機能があります。したがって、**否定的な質問をすると、相手に否定的な考えを強制してしまう結果となります。**

たとえば、会社の上司が、部下に対し、「どうしてこんなことができないんだ？」と質問をすると、「うーん。俺はなぜこんなこともできないんだろう？　能力がないのだろうか？」などと、部下は「できない理由」について考えて、できない理由を答えなければなりません。ネガティブな思考を強制される結果となります。

これに対し、「どうすればできたかな？」などと質問すれば、部下の思考は、「どうやったらできたか」というポジティブな思考に切り替わります。

他にも、「なぜお前はこうもダメなんだ？」などというのも否定的な質問の例です。こんな質問をされると、自分のダメな理由を探すために思考しなければならなくなります。やりきれない気持ちになるでしょう。

また、自分に対する質問でも、否定的な質問があります。「なぜ俺ばかりがひどい目にあうのだ？」などというのがそれです。このような質問を自分にしてしまうと、「俺は運が悪いのだ」などと卑屈になる結果となります。**逆に「この試練を乗り越えるためには、何をすればいいだろうか？」などと自分にポジティブな質問をすると、やる気が湧いてくる**というものでしょう。

② ノー・アンサー・クエスチョン

質問は、答えを求めるものです。ところが、中には、質問しているはずなのに、答えを求めていない質問があります。たとえば、部下が仕事上のミスをしたときに、「何度注意されれば気が済むのか？」と叱責する場合がこれです。一応質問の形を取っていますが、この場合の上司は、「3回注意されれば気が済みます」などという答えを求めているわけではありません。このような質問を「ノー・アンサー・クエスチョン」と言い、本来の質問から区別して扱います。

「何度注意されれば気が済むのか？」という言葉は、「何度も注意させるな」という叱責であり、部下から「申し訳ございません。次回には必ず気を付けます」というような反応を求めているのです。相手を答えられなくさせて、謝らせるために使う質問形式です。

他にも、夫が結婚記念日を忘れたような場合に妻が言う「なんで結婚記念日を忘れたの？」というのもそうでしょう。夫が結婚記念日を忘れた理由など答えようもありませんし、妻も特に答えを望んではいません。夫としては、真摯《しんし》に謝罪し、来年は必ず憶《おぼ》えていることを誓うしかありません。

③ 相手の答えを即座に否定する

相手に質問しておきながら、相手が答えを言うと、「それは違う」「そんなのナンセンスだ」などと、**即座にその答えを否定してしまう人がいます。このような人は他人に質問をする資格がありません。**もちろん誰かを育てようとしていて、わざと相手の答えを否定することはありますし、厳しい交渉においては相手の主張を即座に否定しなければならない場面もあります。しかし、常に相手の答えを否定し、自分の考えのみを述べるのであれば、何も質問などする必要がありません。自分の考えだけ話していればいいのです。

このような人は、自分の考えの方が相手の考えよりも優れていることを証明したいがために相手の答えを否定する傾向にあります。相手の答えを「それはすばらしい」などと言うと、自分が劣っているような感じになってしまって自尊心が傷つくので、「その考えは間違っている。正しい答えを教えてあげよう」とばかりに相手の答えを否定してしまうのです。

相手の答えを即座に否定してしまう人は、それによって自分の優秀さを証明したことにはならないということを知らなければなりません。むしろ相手は気分を害してしまい、「人の気持ちも理解できないわからず屋だ」と感じ、離れていってしまうでしょう。

相手に質問をしたからには、相手の答えをじっくり聞き、その答えを受け入れるようにしましょう。相手の答えを否定したくなったら、「ここで答えを否定することにより、相手はどんな気分になるだろう。また、私たちが話し合っていることに対してプラスになるだろうか」と自問してから発言するように心がけましょう。

④ 一人質問・質問の連打

質問した上で相手に答えさせ、その答えを否定するのはまだ我慢強い人かもしれません。もっとせっかちな人は、相手の答えも待たずに答えを言ってしまったり、あるいは相手が答える前に次の質問に移ったりしてしまいます。ボクシングの連打のように、相手が対応する暇がないくらいのスピードで次の質問を繰り出してゆくのです。相手が答える前に他の話題に移ってしまうのもこのパターンに属します。

質問をするということは、相手にあることを考えさせ、かつその考えた結果を答えさせることを目的としています。ところが、相手の答えを待たずに次の質問に移ったり、相手が答える前に答えを言ってしまっては、相手がきちんと考えたかどうかも確認できず、質問した意味がなくなってしまいます。

また、**せっかく質問に答えようと考えているのにそれを遮って勝手に話し始められると、自分が大切に扱われていないように感じ、不快感が残ります。**したがって、**一旦《いったん》質問した以上は、相手が十分考え、答えを出すまでじっくりと待たなければなりません。**ただし、答えにくい質問をしてしまって、相手が答えに窮している場合には、相手が答える前に答えやすい質問に言い換えてあげましょう。それは、相手のための質問であり、ここでのダメパターンに入らないことは当然です。

⑤ 誤導質問

裁判の醍醐味《だいごみ》は証人尋問です。弁護士が証人に尋問し、依頼者の有利な証言を引き出してゆくプロセスです。弁護士はいかに証人から有利な証言を引き出すかについて、常に頭を悩ませています。

そのような**証人尋問において、あまりにも強力であり、かつ真実をゆがめてしまう危険性があるがゆえに禁止されている尋問方法があります。それは「誤導尋問」です。**

これは、質問の前提に誤った事実をすべりこませ、自分の意図する答えに導こうとする尋問で、誘導尋問の一種です。

たとえば傷害事件において、被告人が「自分は殴っていない」と否認していたとします。そこで証人を呼んできて尋問をします。

検事「あなたは、被告人が被害者を殴った時、どこにいましたか？」

弁護士「異議あり。誤導尋問です。今の質問は被告人が殴ったことを前提とした質問です」

検事「では、あなたは、被告人が被害者を殴った瞬間を見ましたか？」

弁護士「異議あり。誤導尋問です。今の質問は、見たか見ないかを問うものですが、見たと言えば殴ったところを見たことになり、見ないと言えば、殴った瞬間は見ていないことになり、いずれにしても殴ったことが前提となっているからです」

このように裁判で禁止されている誤導尋問は、日常においても見られます。本書では、裁判と区別する意味で「誤導質問」と呼びます。

たとえば、「彼が短気なのはいつからなの?」という質問は、彼が短気であることを前提として、「いつからか」を問うものです。まず短気かどうかを聞かなければなりません。あるいは「彼はまだ短気なままなの?」というのも誤導質問です。「はい」と答えればずっと短気だったことになるし、「いいえ」と答えれば以前は短気だったが、今は短気ではなくなった、という意味になります。

相手から正確な情報を引き出すためには、このように、質問の前提に誤った事実を入れてしまうと、答えがゆがめられてしまうおそれがあります。したがって、相手から情報を引き出したいときは、なるべく誤導質問にならないように気をつけなければなりません。

ただし、この**誤導質問は、相手を誘導したいときには強力な武器となります。**そのような用法は、後で説明したいと思います。

⑥ 相手の脳に負担をかける質問

前に「相手が答えやすい質問」をしようと書きましたが、その逆が、相手の脳に負担をかける質問になります。たとえば、相手に「将来どうなりたいの？」などと聞くと、相手は大変です。どんなことを答えようかと一生懸命考えて答えなければなりません。あまりに質問がオープンだからです。少し制限をかけてクローズドにしてあげた方が答えやすくなります。たとえば、仕事のことを聞きたければ、「今の仕事はずっと続けていくつもりなの？」など、今と関連づけて質問をすれば、相手はずっと答えやすくなるでしょう。

また、たとえば、「私はどうすればいいですか？」などという質問を受ける場合があります。「どうしたいの？」と逆に聞きたくなります。この場合もオープン過ぎます。もっとクローズドにしなければなりません。たとえば「私は、3年後に○○をしたくて、現在○○をしているのですが、○○の問題があります。この問題をクリアするために今何をすればよいか、相談に乗っていただけますか？」などとすれば、相手はその質問に答えやすくなります。

要するに、**相手の脳に負担をかける質問をする人は、自分のことばかり考え、相手の立場を考えていない、**と言えるでしょう。自分のことで頭がいっぱいになってしまっているのです。しかし、相手に質問をし、情報をもらうのですから、まずは相手の立場を考え、相手が答えやすい質問をしなければなりません。

⑦ 刑事の尋問

ダメな質問パターンの最後は刑事の尋問です。犯罪の被疑者とされ、逮捕されて刑事の取り調べを受けるとします。「年齢は？　住所は？　家族は？」、刑事は矢継ぎ早に質問を繰り出します。それに答えるストレスたるや相当なものです。げっそりしてしまいます。

しかし、それと同じことを日常で行っている人がいます。矢継ぎ早に質問を続けられ、それに答えさせられることに苦痛を感じることがわからないようです。

コミュニケーションでは、双方のバランスを取ることが大切です。一方が質問を続け、他方がこれに答えることを続けていると、通常はお互いのバランスが崩れ、答え続ける側がストレスを感じます。

したがって、適度に自分から情報を与えたり、相手の答えを賞賛したりして、お互いのバランスを取りながら質問をしなければなりません。

このようなダメな質問をすると、人に嫌われます。逆に、**質問するだけで人に好かれる質問はどのような質問か、ご存じですか？**

簡単に情報を得る質問戦略シート

質問をする前にチェックしておきたいポイントをまとめました。重要な質問をする際には、チェックポイントを確認してから質問に臨みましょう。

チェックポイント

□ どんな情報を得たいのか？

── まずは、自分がどんな情報を得たいのか、目標設定をすることが重要。

□ 誰に質問するのが最適か？

── あなたが知りたいことを知らない人に聞いても無意味です。誰に質問するかを考えましょう。

□ その人はどんな情報を持っていそうか？

── 質問する前に、その人がどんな情報を持っていそうか仮説を立て、その情報を引き出すのに最適な質問をしましょう。

□ いつ質問するのが最適か？

── たとえ情報を持っている人でも、忙しかったり、答えたくない状況では答えてくれません。タイミングを計って質問しましょう。

□ どんな質問をするのが最適か？

── ただ質問するだけでは望む回答は得られません。いくつか質問を考え、ベストの質問を選択しましょう。

オープンクエスチョンを使う場合のチェックリスト

- □「なぜ」を言い換えられないか
- □ 答えやすいよう言い換えられないか
- □ 相手が自分を正当化できているか
- □ もっと具体的な質問に変えられないか

2

聞くだけで人に好かれる「いい質問」

好きな人の質問には何でも答えてしまう？

質問をされると、人はその質問に答えようとして、考え、そして答えを出します。しかし、どんな場合にでも質問に答えるわけではありません。また、考えたとおりに答えるとも限りません。相手によって答え方を使い分けます。つまり、**誰が質問するかによって得られる回答は異なる**のです。

たとえば、社内でかわいがっている部下から営業成績を上げるための秘訣《ひけつ》を聞かれたら、「おお、かわいい奴だ。俺が苦労して身につけた営業術をとことん教え込んでやるぞ！」と喜んで答えるでしょう。しかし、ライバル会社の営業マンから同じことを聞かれたらどうでしょうか。「ライバルに教えてたまるか！」と、そう簡単には教えないはずです。

私たちは、質問をされたとき、その答えを考えるのと同時に、次のことを同時に考えます。

１　質問者は、私に質問をする権利を持っているか。
２　私は、この質問に答える義務があるか。
３　私は、この質問に答える義務がなかったとしても、答えるかどうか。
４　考えをそのまま答えるか、それとも修正して答えるか。

私たちはこのようなことを考えた上で、質問に答えているのです。

たとえば裁判の法廷での証人尋問のように、質問者である弁護士が質問する権利をもっており、証人は答えなければならない義務があるのであれば、記憶のとおり答えなければなりません。しかし、普段の生活においては、ビジネス上の上下関係がある場合は別として、質問に答えなければならない義務がある場面はそれほど多くありません。そうすると、質問に答えるかどうかは、答える側が決定できる場合が多いと言えるでしょう。

この場合、私たちは、どのような場合に質問に答えようとするでしょうか。それは、

「質問に答えたい」場合です。質問に答えることにより自分が優越感を感じる場合や、有利になる場合はもちろん答えたくなるでしょう。しかし、そのような場合でなくとも、私たちが質問に答えたくなる場合があります。どんな場合でしょうか。

それは、相手に好意を持っている場合です。心理学者のロバート・チャルディーニが、どのような相手から頼まれ事をすると、その頼まれ事に応じるか、という実験をしました。その結果は、「相手に好意を持っている場合」というものでした。この実験結果は当然と言えば当然ですが、私たちは、好意を持った相手から頼まれるとその依頼に応じ、好意を持っていない相手から頼まれるとその依頼を断ろうとするのです。

ジュリアス・シーザーは、この点について、次のように言っています。

「友からの求めほど耳に心地よい音楽はない」

したがって、**私たちがよき質問者になるには、まずは相手に好意を持たれることが必要となります**。相手に好意を持たれれば、相手は喜んで情報を提供してくれます。相手は喜んであなたの質問を一生懸命考えて答えを出してくれます。部下は喜んで考えて成長してくれるでしょう。

アリストテレスは、『弁論術』（戸塚七郎訳、岩波文庫）の中で、次のように語っています。

「人間は、愛しているときと憎んでいるとき、また怒っているときと安静なときでは、それぞれ同じ一つの物が同じには見えず、まったく別の物に見えるか、またはかなり違う物に見える」

質問も同じです。好意を持った人からされる質問は好意的にとらえられます。しかし、悪意を持った人からされる質問は、何か裏があるような、あるいは自分を罠《わな》にはめる意図があるのではないか、などと邪推してしまい、同じ質問であっても同じには見えず、質問の意図自体も異なったものと理解されるでしょう。

良き質問者になるためには、相手に好かれることが必要となりますが、相手に好意を持たれるための方法はご存じですか？

人に好かれるための6つの法則

心理学者のロバート・チャルディーニは、人から好意を持たれるための法則として、①外見の魅力、②類似性、③賞賛、④単純接触効果、⑤協同、⑥連合といったものをあげています。

順番に説明します。

1　外見の魅力

心理学の研究によると、外見の魅力がある人は、才能や知性、性格の良さなどの望ましい特徴を持っているとみなされる傾向にあります。実際には違っていてもです。

また、刑事事件での男性被告人で身体的魅力が高い者は、魅力的でない者の半数しか刑務所に入れられていなかったという調査結果があるそうです。

したがって、**良い質問者になるためには、外見の魅力を備える必要があります。**もともとの顔の作りは変えようもありませんが、清潔な格好をし、姿勢を良くし、常に笑顔を絶やさず、さわやかに振る舞うことくらいはできそうです。これでも相当の効果があるでしょう。

2　類似性

人は、自分と似ている人を好きになる、という法則を「類似性の法則」と言います。自分と郷里が同じ人、自分と大学が同じ人、自分と趣味が同じ人、自分と同じ野球チームのファンなどに親近感を抱いたことはありませんか？　それが「類似性の法則」です。

この類似性の法則を使うには、相手に色々と質問してみることです。「ご出身はどちらですか？」「お子さんはおいくつですか？」「スポーツは何がお好きですか？」など、相手に興味を持って質問し、**自分と共通項が出てきたら、「私もそうなんです！同じですね」と類似性をアピールしましょう。**そうすると、類似性の法則が働き出し、相手はあなたに好意を抱くようになるでしょう。

3　賞賛

人は、賞賛されると、自己評価が上がり、自尊心が満たされます。したがって、自分を賞賛してくれる人を求め、その人に好意を抱きます。会社でお世辞やごますりが有効な出世の手段であることも、この「賞賛の法則」の有効性を証明しています。

こんな実験があります。実験に参加した男性は、次のようにグループ分けをした他人から、自分についての評価を受けます。

Aグループ　望ましい評価だけを受ける。
Bグループ　望ましくない評価だけを受ける。
Cグループ　望ましい評価と望ましくない評価の両方を受ける。

この結果、実験に参加した男性から最も好まれたのは、Aグループの望ましい評価、つまり賞賛だけを受けたグループだったのです。

この賞賛の法則を使用するには、「良いことを前提として、それに関する誤導質問をする」という方法があります。たとえば、女性のバッグをほめるなら、「そのバッグ、すごくセンスが良いけど、どこで買ったの？」というように、相手のセンスが良いことを前提に、「バッグをどこで買ったのか」を質問します。そうすると、直接的にはバッグを買った場所を質問していますが、質問された方は「センスが良い」という部分で自己評価がアップすることになります。

4　単純接触効果

人は、よく知っているものに対してより好意を抱きます。この性質を利用して、「多数回会う」という方法を使って相手の好意を獲得する方法があります。内容はともかく、できるだけ多く会ってよく知っている関係になればよいので、「単純接触効果」と言います。

選挙の前に選挙カーが政策ではなく、名前だけを連呼して名前の接触回数を増やそうとするのはこの効果をねらったものであり、広告看板などで商品名ではなく会社名だけを表示して名前を周知させようとしているのもそうです。

これは質問ではありませんが、相手の好意を獲得して良い質問者になるために憶《おぼ》えておいて損はありません。遠くの恋人より近くの他人を好きになってしまうのも単純接触効果のなせる業です。

5 協同

人は、誰かと協同するとき、その相手に好意を抱きます。たとえば、国内が混乱しているときでも敵国が現れたとたん、仲直りしてしまい、一致団結して敵国に立ち向かいます。この場合、同国人vs.敵国人という構図ができます。刑事事件の取り調べの際に、横暴で怒鳴り散らす刑事に対し、優しく被疑者を守るような態度をして被疑者の自白をもぎとる方法もそうです。この場合「被疑者と優しい刑事」vs.「コワイ刑事」という構図ができます。

この協同の法則を利用して質問するには、自分たちが仲間になり、誰かを対立する人に仕立て上げる構図を作ればよいことになります。たとえば、あなたが車のセールスマンだったとすると、最後の値段交渉の際、次のように質問することができます。

「ようやくここまで来ましたね。上司にもう少し値引きしてもらえるように私が交渉してきます。仮にあと10万円値引きを勝ち取れたら、ご購入いただけますか？」

この質問により、**お客様は、あなたが自分のために上司と交渉してくれる仲間だと**

いう気持ちになり、あなたに好意を抱くでしょう。

6　連合

ある事が起きたときに、その外的要因とその相手とが結びつけられて特定の感情を持ってしまう法則を「連合の法則」といいます。たとえば、よいニュースを持ってくる人には好意を抱き、悪いニュースを持ってくる人には悪意を抱くが如くです。テレビのＣＭで、人気アイドルや俳優に商品を使わせて、商品に好印象を持たせようとするのは、この法則を利用したものです。車雑誌の表紙に美人モデルが車やバイクと一緒に写っているのも、この法則を利用したものです。商談などで相手を説得するときに食事をしながら行う方法も、「おいしい食事を食べて満腹になる」という幸福感と話の内容を結びつけようという試みです。シェイクスピアはこの法則について、「悪い知らせは、その話し手に伝染する」という趣旨のことを言っています。

この連合を使って相手に好意を抱かせるには、相手に対して、「今までに一番幸せだった思い出は何ですか？」など、幸せだった思い出、ウキウキすること、好きなこと、を思い出してもらう質問をすることです。反対に、相手に嫌な思い出、悲しい思い出などを聞くと、その思い出とあなたが結びつけられて悪い連合が生じてしまいます。

したがって、**なるべくポジティブでよいイメージを抱かせる質問をするように気を付けましょう。**

実は、もっと単純に相手に好かれる方法があったら、知りたいと思いませんか？

人に好かれる最強の方法は犬を真似ること

人に好かれるための法則を説明しましたが、もっと単純に、**人に好意を持ってもらう最強の方法**を知りたいと思いませんか？

そのことについて考えるには、まずは自分、あるいは周りの人のことを考えてもらうとよいでしょう。家庭の中で、一番好意を持っている相手は誰でしょうか。

お父さん？　お母さん？　きょうだい？　子供ですか？

では、どんなときも、常に好意を持っている相手は誰でしょうか。誰でも怒るときもあれば泣くときもあります。嫌みを言うときもあればわがままなときもあります。そんなときは、いくら好きな人でも、ちょっと嫌な感じがしてしまうものです。しかし、そのようなことがない相手は？

ペットの犬はどうですか？

犬は可愛い動物です。私たちが家に帰るとしっぽをふって大喜びします。なでてあげたり、餌を与えたりすると、素直に大喜びします。口答えもせずよく従います。家庭の中で犬が一番好きだという人は、多いのではないでしょうか。

では、なぜ犬はそんなにも好意を持たれるのでしょうか。それは、常にこちらに好意を持ってくれているからです。犬は気分によって私たちを嫌ったりしません。愚痴も嫌みも言いません。私たちを批判することもありません。それに比べて人間はどうでしょうか。人間は気分次第です。エゴにとらわれています。嫌みを言うこともあれば、愚痴を言うこともあります。怒ることもあります。そうすると、私たちは嫌な気分になります。批判されれば自尊心が傷つきます。これが犬と人間の違いです。

犬に学ぶ、人に好意を持ってもらう最強の方法とは、相手に好意を持つ、という方法です。心理学では、これを「好意の返報性」と言います。相手から好意を持たれると、こちらも好意を持ってしまう、という法則です。**反対に相手から悪意を持たれると、こちらも悪意を持ってしまいます。**これを「悪意の返報性」と言います。**相手に対する感情は、相手に伝染することを憶えておきましょう。**したがって、できるだけ相手に悪い感情を持たず、好意を持つことです。そうすれば、相手からも好意を得られる可能性が高まるでしょう。その上で、質問をすれば、その質問に答えてくれる可能性もまた高まるというものです。

さて、犬の話だけではなんですから、人の話もしておきましょう。

『ギネスブック』に載ったセールスマンにジョー・ジラードという人がいます。彼は、シボレーという車を売っていたのですが、15年間に1万3001台、1日最高18台（！）、1ヶ月に最高174台（!!）も自動車を販売して、世界一のセールスマンとして『ギネスブック』に載りました。

ジョーは、潜在的な見込み客数千人に、毎月メッセージカードを送っていたそうです。そこには、「アイ・ライク・ユー（あなたが好きです）」と書いていました。それを毎月必ず送るのです。受け取って嫌な気がする人がいるはずがありません。相手も好意を持ってくれます。ジョーのようなことをされたら、相手は、自分が特別な存在だと思ってしまい、ジョーに好意を抱きます。そして、ジョーから車の購入を勧められると、勧めに従って購入してしまうのです。このような「好意の返報性」の強力な法則を使って、ジョーは、『ギネスブック』に載ったのです。

ジョー・ジラードには、次のような話もあります。

ある時、ショールームを訪れた中年女性がいました。ジョー・ジラードは、シボレーという安めの車を売っていますが、その中年女性は、高めの車であるフォード車を買うと決めていたそうです。ところが、フォードの店のセールスマンから、1時間後にまた来てくれと言われたので、時間つぶしにシボレーを見にきたのです。彼女は、「自分への誕生日プレゼントなの。今日、55歳になったのよ」と言い、白のフォードを買う予定だと言いました。ジョーは言います。「それはおめでとうございます。すぐ戻るので、ちょっと待っていてください」。そして、少し席をはずし、戻ったジョーは、時間つぶしにつきあい、シボレーの自動車の案内をしていました。15分後、事務所の女性がバラを1ダース抱えてきて、ジョーに手渡しました。ジョーはバラを中年女性に手渡しました。「この良き日がこれから何度もやってきますように」。彼女はとても感激して涙を流し「お花をいただくなんて何年ぶりかしら」と言ったそうです。そして、2人で話しているうちに、彼女はフォードのセールスマンのことを話しました。フォードのセールスマンは、彼女の案内中に昼食の時間になったからといって、彼女を置いて昼食に出かけてしまったというのです。その結果、彼女は時間が空いたので、シボレーを見に来たというわけです。

しばらく時間をつぶし、彼女がフォードの店に戻る時間になりました。しかし、彼女は戻りませんでした。そして、彼女は、フォード車でなく、シボレーを買い、小切手で全額払ったそうです。

ここから何が学べるでしょうか。人は、買うものを決めていても、自分が大事にされていると思えば、喜んで買うものを変更することがある、ということです。

相手に好意を示し、特別扱いしましょう。それは、紛れもなく強力な結果となって表れることでしょう。

では、質問によって自分の好意を相手に伝えるにはどうしたらよいでしょうか。

１つには、「相手に興味を持って相手のことを質問する」という方法があります。私たちは自分のことについて質問を受けるとき、「ああ、私のことを知りたがっているな」とか、「この人は私のことには関心がないけれども仕方なく聞いているのだな」というようなことを敏感に感じ取ります。そして、私のことを知りたがっていると感じると、自己重要感を感じ、自尊心が満たされて相手に好意を抱いてしまうのです。

ですから、**相手に質問をするときは心の底から相手に興味を持ち、「あなたのこと**

が知りたい」という気持ちで質問をすることです。そうすれば、必ずや相手はあなたに好意を抱き、快く質問に答えてくれることでしょう。

イギリスの政治家であったディズレイリは、次のように言っています。「他人と話をするときには、その人のことを話題にしなさい。そうすれば、その人は何時間であろうともこちらの話を聞いてくれるだろう」。私たちも、ディズレイリのように、他人と話をするときは、相手に興味を持ち、相手のことについて質問をしましょう。そうすれば、その人は何時間であろうともこちらの質問に答えてくれるでしょう。

会話が盛り上がるポイントを見逃すな

会話をしていると、上滑りしているような会話が続いている中で、ある瞬間から急に会話が盛り上がるときがあります。その瞬間を「会話のティッピングポイント」と呼んでいます。ティッピングポイントというのは、沸騰点のことです。水が沸騰するように、急に会話が広がり始め、テンションが上がる様子を言います。

これは友達同士の会話でも、ビジネスでも同様です。私はよくテレビや雑誌の取材を受けるのですが、取材中、急に勢いづいてくる瞬間があります。それまでは、記者が順次質問を網羅的にし、私が答えてゆくのですが、私の話が広がりを持ちません。しかし、ある質問に来ると、私の思考がぱっと開け、急に口がなめらかになり、話に広がりと奥行きが出てくるのです。

私は自分で取材を受けながら、「どんな時にティッピングポイントがくるのだろう？」と自分を分析したことがあります。そうすると、だいたい次のような時にティッピングポイントが来ることがわかりました。

1　自信がある話題
2　関心がある話題
3　心地よい話題

自分に自信がある話題については、ポジティブに考えられるし、いくらでも話し続けることができます。そして、話していて自尊心が満たされます。関心がある話題については、そもそも自分が望んでいる話題なのですから、勢いづくのも当然です。さらに成功談など、話していて心地よい話題については、話すこと自体が自尊心の満足につながりますので、勢いづくのも当然でしょう。

このように見てくると、**会話のティッピングポイントは、話し手の関心があることや、話すこと自体で自尊心が満たされるような話題になったときに訪れる**ということになります。

したがって、相手の話を引き出したいときは、相手が自信を持っている話題、関心がある話題、心地よい話題、などを見つけるために色々と話題をふってゆくことが大切です。そして、**相手のティッピングポイントを見逃さないことです。それまでとは明らかに話の勢いが違ってきますので、それを見逃さず、さらにその話を続けるように促していきます。**

そのためには、相手の感情をとらえ、共感することです。「それは嬉《うれ》しいですよね！　私だったら有頂天になります」などと、同じ感情を共有しましょう。そうすると、似た者同士ということになり、心理学の「類似性の法則」が働き始めます。共感は好意を呼び起こすのです。

そうすれば、相手は気持ちよく、いつまででも話し続けてくれます。その結果、あなたは好意を獲得し、あなたの質問にも気持ちよく答えてくれることになるでしょう。

「質問ブーメラン」で相手の関心を見抜く

他に相手の関心事を見抜く方法として、「質問ブーメラン」という方法があります。これは、相手があなたに対し、「ゴールデンウィークは、どこかにご旅行でもなさったのですか？」などと質問してきたときに、**「○○さんは、どちらに？」というように、同じ質問をブーメランのように返してゆく方法です。**そうすると、勢いよくゴールデンウィークに行った旅行の話をし始めるかもしれません。**相手が旅行について質問をしたということは、「ゴールデンウィークの旅行」に何らかの関心を持っているはずだ、という仮説に基づいています。**

私の経験でも、小学校の時など、夏休みに自分がどこに行ったのかを話したい子は、他のクラスメートたちに、「どこ行った？」などと聞いてまわっていたのを思い出します。質問をされると、質問の強制力によって、「どこに旅行に行ったかな」などと自分のことを考えがちですが、同時に「この人は旅行のことを話したいのではないか」と相手目線で考えて、質問ブーメランを投げ返してあげるとよいでしょう。

先日、釣りをしたのですが、釣りをするときは、必ずつり上げたい魚の好物の餌を針につけます。あなたが好きなケーキなどを針につけても魚は見向きもしないでしょう。相手の気を引くには、あなたが好きなことなど何の意味もありません。相手の興味を引くには、相手を問題にしなければなりません。**相手が好きなこと、関心があること、自信があること、心地よいことを話題にするのです。そうすれば、必ず相手の好意を獲得し、あなたが望む情報を得ることができるでしょう。**

自動車王フォードは、次のように言っています。

「成功に秘訣というものがあるならば、自分の立場と同じように他人の立場に身を置いて考えることができるということである」

私たちも、会話をするとき、自分の立場と同じように相手の立場に身を置いて、相手の関心があることを話題にして質問をするようにしたいものです

質問する態度は言葉以上に影響を与える

相手が話している内容について正確に理解するため、私たちは、相手の表情や態度などの視覚情報、声の調子や強弱などの聴覚情報、言葉それ自体の言語情報の3つを分析しています。相手がどちらとも取れるようなことを話した時、聞いている方がこの3つのうち最も影響を受けるのはどれか、について研究した心理学の結果があります。それが、「メラビアンの法則」です。この研究結果によると、影響力の強さは、図3のようになります。

図3からわかるように、私たちは話していることを理解する過程で目で見た情報に非常に強く左右されています。たとえば「君は大丈夫だ」と言っている人が首を横に振っていたら全く信用できません。また、弱々しく「君は大丈夫だ」と言ってもやはり信用できません。視覚、聴覚、言語が全て一致して信用力のある会話になります。

図3 「メラビアンの法則」
何が聞き手に影響を与えるか

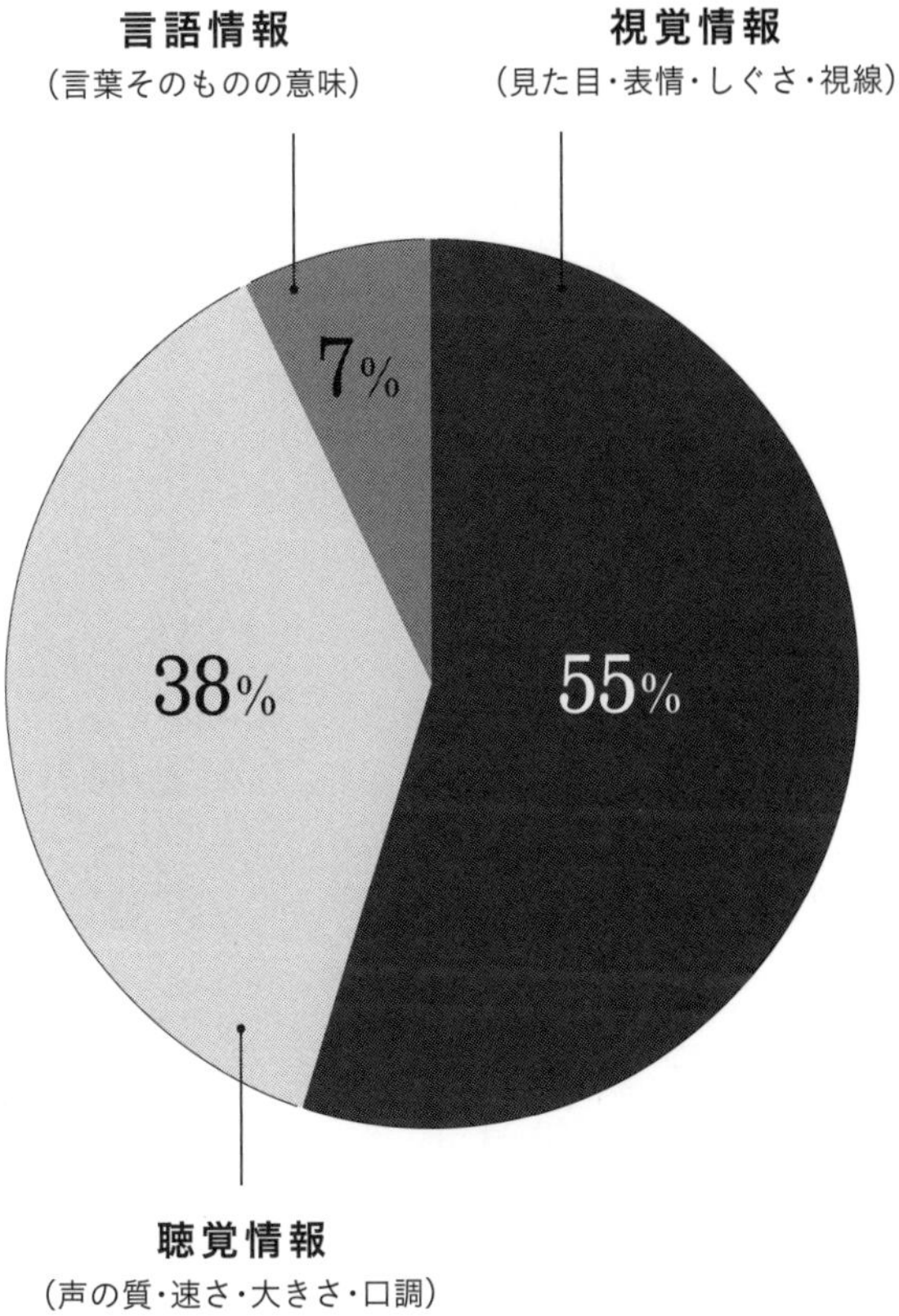

したがって、**質問をするときには、その質問の内容に合った態度と声の調子で質問しなければなりません。**

質問をする、ということは、「あなたの答えがぜひ聞きたい」という意味です。したがって、質問する態度もそのようにしなければなりません。いくつかの方法を紹介します。

あいづち・うなずき

まずは「あいづち・うなずき」です。相手が話しているときに、首を縦に振ったり、合いの手を入れたりして相手の話を促す行為です。あいづちやうなずきは首を縦に振ります。これは肯定の意思表示となります。**あいづちを打たれると相手は自分の意見が受け容《い》れられているように感じ、自尊心が満たされます。**反対に、聞きながら少しも首を動かさなかったり、横に振ったりすると、話している方が次第に不安になります。

私は講演やセミナーを依頼されることがありますが、聴衆がうなずいてくれるととても安心して楽に話せるようになります。しかし、うなずきがないと、「あれ？ うまく伝わってないかな？　興味がないのかな？」など、私の話を理解してくれているのかどうか、受け容れてくれているのかどうかが判断できず、不安なまま話を続けなければなりません。そのような中でうなずき効果を身をもって体験しています。

したがって、自分が質問をし、相手が答えるときは、否定せず、あいづちやうなずきを入れながら相手の答えを引き出すようにしましょう。

繰り返し

相手の言ったことを繰り返して言うことも効果があります。たとえば、相手が「私はシステム自体に問題があると思うんですよ」と言ったときに、「システム自体に問題があるのですね」とそのまま繰り返す方法です。繰り返されると、意見を言った方は、聞いてもらっている安心感と連帯感を感じます。また、繰り返されるということは否定されず受け容れられている気がしますので、自己重要感を感じて自尊心が満たされることになります。

確認・言い換え

繰り返しと同じ効果を生じさせる方法として、「確認・言い換え」という方法があります。これは、相手が一通り話し終わった後で、「あなたの言いたいことは、指示系統というよりは、システム自体に問題があるという理解でよろしいですか？」というように、**相手の意見を自分の言葉で言い換えてまとめ、確認をする方法です。**

こうすると、**話している方は、「きちんと私の言うことを聞いて理解しようとしてくれている」と感じ、自己重要感を感じて自尊心が満たされます。**

これは質問する側にとっても、誤解をなくすために必要な行為です。

姿勢

「メラビアンの法則」により、私たちは視覚からの情報を重視します。ということは、質問をするときの姿勢も重要です。ふんぞり返って横を向いていたり、腕組みをして偉そうにしていたら、質問されても答えてあげようという気になりません。

やはり、**質問をし、情報を提供してもらおうと思ったら、身を乗り出し、きちんと**

目を見て話しかけるのが礼儀というものでしょう。

また、手っ取り早く相手の好意を獲得する方法としてミラーリングという方法があります。これは、相手の姿勢、しぐさをそっくりそのまま鏡のように真似るという方法です。相手がお茶を飲めばこちらも同時にお茶を飲み、指を組めば指を組む、というように真似をするのです。同じタイミングで同じ行動をする、ということは、似た者同士です。やはり、心理学の「類似性の法則」が働きだし、手っ取り早く相手の好意を獲得することができるでしょう。

男女間で好意を獲得するのにも使えますが、男性の場合には女性につられて髪をかき上げたり、いじったりしないように気をつけましょう。逆に気持ち悪がられ、好意を獲得できなくなってしまうおそれがあります。

クエスチョン＆サイレント

バスケットボールに「スティール」というテクニックがあります。これは、ディフェンス（守り）の選手がオフェンス（攻め）の選手からボールを奪う行為のことを言います。たとえば、オフェンスがドリブル中に手を出して奪ったり、またパスを出したときに手を出して奪ったりします。オフェンス側は、せっかく自分でこれから攻撃しようとするときに、この「スティール」をされると、とても嫌な気分になります。

道路を横断しようとしているときに、右側から突然目の前に車が走ってきて停車し、道をふさがれると、とても嫌な気分になります。大きく車を回り込まなければなりません。

このように、私たちは、ある方向に動き出したときに、それをふさがれると、とても嫌な気分になるものです。この法則は、話をするときにも当てはまります。たとえば、会社の同僚同士の次のような会話です。

A「ねえ、週末どこか行った？」
B「うん、京都に行ってきたよ。それでね……」
A「え？　京都行ったの？　うらやましい。私なんか高校以来京都行ってないよ。
実は、京都に友達がいてね。その友達が……」
B「………」

このように、**質問をされたので、その質問に答え、「さあ、これから話そう」という時に、話に割り込まれ、話を持っていかれると、とても嫌な気分になります。**人が話し始めたときに、その会話を遮り、自分の話に持ち込むことを、私は「会話のスティール」と呼んでいます。まるでバスケットボールで相手が持っているボールを奪ってしまうように、話している会話を奪ってしまうからです。

先にダメな質問の7つのパターンで「答えを即座に否定する」「1人質問・質問の連打」というものを説明しました。これらは、質問しておきながら、相手の答えを尊重しない思考から発生する、ダメな質問のパターンでした。この「スティール」も同じです。自分で質問しておきながら、実は自分が話をしたいだけのことで、相手の話は、自分が話し出すための前座でしかない、という考え方です。全く相手の答えを尊重していません。相手自身を尊重していないのと同じ行為と言えるでしょう。これでは相手の好意を獲得することはできません。

相手に好意を持ってもらうためには、相手に興味や関心を持って質問をしなければなりません。**相手に好意を持って質問するのです。そのような時、相手が質問に答えているのに、その答えをスティールして自分が話し始めることなどあり得ない**でしょう。相手の話を最後まで聞きたいはずです。そして、そのような、質問者の気持ちを、相手はすっかりお見通しなのです。質問者が会話をスティールすると、「ああ、この人は、私の言うことなど聞きたくなかったのだな」と思いますし、最後までじっくり聞いてくれると、「ああ、この人は、私の話に興味を持ってくれているな。とても気分がいい」と感じるものです。

ですから、相手に好意を持ってもらうためには、相手の話にじっくりと耳を傾けることです。

また、相手が答えていないうちに、自分から話し始めてはいけません。**質問したら、**

相手の答えをじっと待つのです。焦ってはいけません。質問をされた人は、必ず①思考し、②答えようとします。それを静かに待つのです。相手の思考を邪魔してはいけません。それが質問をした者の礼儀でもあります。これを「クエスチョン&サイレント」と言います。

誰もが素早く考え、素早く答えを出せるわけではありません。じっくり考える人もいます。答えるのが難しいこともあるでしょう。時には、沈黙が続き、居心地の悪い気分になることもあるでしょう。しかし、そのとき、相手が一生懸命考えていたら？　あなたが話し始めてしまっては、相手の思考を邪魔することになってしまうでしょう。

ですから、**相手が考えていないか、あるいは答える気がない、と思えるのでなければ、「クエスチョン&サイレント」を貫くべきなのです。**それであなたが失うのは、ほんのわずかの時間だけです。しかし、あなたが相手の思考を「スティール」してしまったら、あなたは相手からの好意を失ってしまうかもしれないのです。

相手の好意を獲得したら、相手を説得してみましょう。**どうやれば、質問によって相手がその気になるのでしょうか？**

人に好かれる質問チェックシート

チェックポイント

Check 1　相手に好意を持ち、
興味を持って質問しているか？（好意の返報性）　➤　□Yes　□No

Noの場合　**相手の良いところ、尊敬できるところを見つける。自分が不完全な人間であり、相手から多くを学べることを自覚する。**

Check 2　類似点を見つける努力をしているか？（類似性）　➤　□Yes　□No

Noの場合　**出身地、学校、好きな食べ物、趣味嗜好など、さりげなく聞いてみる。**

Check 3　相手を褒めたか？（賞賛）　➤　□Yes　□No

Noの場合　**「そのメガネ、クールで知的な感じがしますね。私も探しているのですが、どこで売ってますか？」など、褒めた後に質問することで、嫌みを消す。**

Check 4　楽しいこと、嬉しいことを思い出させたか？
（連合）　➤　□Yes　□No

Noの場合　**人は楽しいことを思い出すと、楽しい気分になり、悲しいことを思い出すと悲しい気分になることを知るべし。**

Check 5 | 相手が自信のある話題を見つけたか？ ➤ □ Yes □ No

Noの場合 **自分で自信がある話をすると、自尊心が満たされ、自我が拡大するので、良い気分になる。**

Check 6 | 相手が興味のある話題を見つけたか？ ➤ □ Yes □ No

Noの場合 **自分が興味のある話題は、いつまででも話し続けることができる。そして、話している間中、楽しい気分でいられる。**

Check 7 | 相手が心地よい話題を見つけたか？ ➤ □ Yes □ No

Noの場合 **人に好かれるためには、相手に良い気分になってもらわなければならない。そのためには、相手が話していて心地よい話題を探すことが重要。**

Check 8 | 相手が質問してきたら、同じ質問を返したか？ ➤ □ Yes □ No

Noの場合 **人は関心があることについて質問する。そうであれば、質問された時は、相手にも同じ質問を返すと大いに話してくれる時がある。**

3

その気にさせる「いい質問」

人をその気にさせる2大原則

人がその気になり、動くときは、どんなときでしょうか。私たちの行動を考えてみましょう。毎朝、同じ時間に起きるのはなぜでしょうか。仕事に行くためだったり、家事をするためだったりします。遅刻すると、上司に怒られます。給料が減る場合もあります。あまり続けるとクビになることもあるでしょう。そのような不利益を避けるためにやむなく毎朝起きなければならないという人は多いのではないでしょうか。

新しいテレビを買いに行くときはどうでしょうか。今までの14インチの小さなテレビに比べ、80インチの大画面でテレビ番組や映画が観られたら、どんなに快適でしょうか。快適さを求めてテレビを買いに行くのです。

なぜ、私たちは働くのでしょうか。収入を得て生きていくためです。ところが、生きるのに最低限だけ働くという人はむしろ少数でしょう。生きるためだけだったら十分なのに、なるべく多くの収入を得るために寝る間も惜しんで働く人も多くいます。

その人たちは、多くの収入を得て、より快適な生活をしたり、社会的な評価や名声を得て自尊心を満足させたりするために働きます。

こうして考えてみると、私たちがその気になるのは、次の2つの場合であると言えるでしょう。

1　自尊心を満足させるために動く
お金を得られる、快適な生活を得られる、名誉を得られる、友情を得られる、など。

2　自尊心が傷つくのを回避するために動く
危険を避ける、人からの評価が下がるのを避ける、自己評価が下がるのを防ぐ、など。

人は、自尊心を満足させるか、あるいは自尊心が傷つくのを避けるためにその気になり、動くのだということがわかります。したがって、**人を動かすときは、相手の自尊心を満足させるような質問をするか、あるいは自尊心が傷つくのを避けたくなるよ**

うな質問をするのです。たとえば、「大画面のテレビをお友達に見せて、うらやましがられたいと思いませんか?」というのは、自尊心を満足させようとする1つの質問です。また、「もう多くの方が大画面のテレビをお持ちです。お友達が家に来た時、小さいテレビではちょっと恥ずかしいと思いませんか?」というのは、自尊心が傷つくのを避けようとする気持ちを起こさせる質問の1つです。

まずは感情を動かし、その後理性に訴えかける

そして、**もう1つ重要なことがあります。それは、「理性」と「感情」との関係です。**私たちが動くとき、「理性」と「感情」はどのような関わりを持つでしょうか。もう一度テレビを購入する場面を考えてみましょう。

今使っているのは14インチのテレビであり、とても画面が小さく見にくい気がします。友人達の話を聞いてみると、70インチや80インチの大きなテレビを持っており、映画を観る時など大迫力で快適であり、今時大きなテレビが常識だと言います。そのようなことを言われ、自分としても、「大画面で迫力の映画を観たい！」と思い、かつ「小さなテレビしかないと、自分がテレビも買えない貧乏人だと思われてしまう。恥ずかしいなあ……」と嫌な感情を持ちました。そこで、電器店にテレビを見に行きます。色々なテレビを見てまわり、80インチのテレビが欲しいと思いました。値段を

見ると、50万円です。一括で買うには高すぎます。すると、分割払いもあるようです。今後の資金計画を考えてみると、半年後に自宅の賃貸マンションの更新時期が来るので、ある程度まとまったお金が必要です。残念ながら50万円も出せません。値段の関係から、仕方なく50インチのテレビを買うことにしました。

この例を見ると、まず、この人には、「大きなテレビが欲しい」「小さなテレビは嫌だ」という感情が動いていることがわかります。そして、購入する段になると、「ちょっと高すぎる」「分割払いはどうだろう」などと理性で考えていることがわかります。このように、**人間が動くには、まず感情が動いて欲求が発生し、その後理性でその行動を正当化する、というプロセスをたどる**ことがわかります。

テレビの通販番組は忠実にこのプロセスを守っています。決して最初から値段が出てきたりしません。まずは商品のメリットをこれでもか、というくらい打ち出します。その結果、消費者がその商品を欲しくなります。感情が動くわけです。そのような段階になった後で、ようやく値段を明らかにします。そして、理性であれこれ考えている段階で、「分割払い」や「金利ゼロ」など、理性が購入を正当化しやすいような情報を提供します。さらに「おまけでこの商品もおつけします」とさらに購入を正当化する情報を提供する場合もあります。このようなプロセスを経て、消費者は購入を決定するのです。

したがって、**人をその気にさせ、動かすには、「まず感情を動かし、その後理性で正当化できるようにしてあげる」ことが必要**ということになります。

そして、そのプロセスを実現するには、質問が強力な武器となるのです。質問には、①思考と、②答えを強制する機能があると言いました。相手の感情をまず動かし、次に理性を動かすというプロセスを守らないといけないのであれば、**まず感情を動かす質問をし、その後で理性を動かす質問をすればよいのです。**

相手に上手に質問をし、その気にさせてみましょう。

人を動かす質問のシナリオを作る

質問の力によって、人をその気にさせ、動かすには、「まず感情を動かし、その後理性で正当化できるようにしてあげる」ことが必要と言いましたが、**より強力に人を動かしていくには、「質問のシナリオを作る」ことが必要です。**

また通販番組の構成を振り返ってみましょう。腹筋運動器具の通販番組では、最初に、使用前のお腹の出たシーンを流します。これによって、視聴者に、「自分が抱えている問題点」を改めて認識させ、「お腹をへこませたい！」という欲求を顕在化させます。その後、キュッと引き締まったモデルを登場させ、今の自分の状態とのギャップを認識させます。それと同時に、「あるべき姿」「理想の姿」をイメージさせて「そうなりたい」という欲求を喚起します。そして、その後は、「理想の姿に到達する方法」として腹筋運動器具を使用しているシーンを流し、「イメージで体験」させます。それによって感情が「この腹筋運動器具が欲しい」という状態になります。そのような「これが欲しい！」という感情を十分にあおっておいて、ようやく金額を出し、その金額が正当であること、分割払いもあるから経済的にダメージを与えないこと、トレーニングは楽であること、収納が楽であること、おまけがつくこと、など購入を正当化する理由を並べ立てます。

このように、**人を動かすには、人が実際に行動するまでにたどる思考を忠実に体験させてゆくことが必要です。**この順番が狂ってしまうと、「よし。買おう！」という気にならないのです。たとえば、腹筋運動器具の通販番組で、最初に「この商品は3万円です」と告知すると、その時点で理性が働き出し、「3万円も出すと、今月飲みに行けないなあ。そもそもそれだけの価値があるだろうか？　本当に効果があるだろうか？　様子を見たほうが良さそうだぞ」などと考えてしまい、その後でいくら説得しても、すぐに購入することにはならない人が多いでしょう。

その意味で、**人を動かすために質問をする際には、相手が動かざるを得なくなるような「質問のシナリオ」を作り、そのシナリオ通りに質問を続けてゆく必要があります。**

たとえば、夫が、家族でゴールデンウィークに温泉に行きたいと思ったとします。

そんなとき、「ゴールデンウィークにどこか行かない？」と妻に質問します。すると妻は、「いいわねぇ。たまには海外に行きたいな。グアムとかはどう？」と返事をします。そうすると、夫が「温泉に行きたいんだけど」と言ったとしても、「グアム vs. 温泉」の対立構造が生じてしまい、後は交渉になります。これは質問の順番が、対立構造を生み出すような順番になってしまっているからです。

質問のシナリオを作るというのは、相手の思考をコントロールし、会話をコントロールするものです。次のように質問のシナリオを組み立てたら、どうでしょうか。

まず宮崎駿《はやお》監督の『千と千尋の神隠し』のＤＶＤを用意して、妻と鑑賞します。

夫「たまには温泉とか行きたくない？」
妻「行きたいわねぇ」
夫「あんな映画みたいな温泉あったら行ってみたいでしょ？」
妻「絶対行ってみたい」
夫「『千と千尋の神隠し』のモデルになった温泉があるって知ってた？」
妻「え？　本当？　知らなかった」

夫「〇〇にあるんだけど、行ってみたいと思わない？」
妻「すごく行きたい」
夫「じゃあ、調べておくから、映画の感動がさめないうちに、ゴールデンウィークあたりに行ってみない？」
妻「行く行く！」

こんなに簡単に行くかどうかは別として、さきほど失敗した質問のシナリオと比べると、成功率は格段に高まるでしょう。なぜでしょうか。失敗した例は、「ゴールデンウィークにどこに行くか？」というオープンクエスチョンになっていますので、妻は自由に思考することができます。その結果、妻は、「どこに行きたいだろう？　そうだ！　グアムがいい」という思考になり、グアムに行きたいという「感情が喚起」されてしまいました。その結果、夫がその後「温泉に行こう」と言うと、すでに行きたい感情が喚起された「グアム」と「温泉」とが対立してしまったのです。

これに対し、**成功した例では、温泉に関する映画を観て、潜在的に温泉に対する欲求が高まっている状態で、「温泉に行きたくない？」というクローズドクエスチョン**

で**「イエス」「ノー」の回答を迫っています。**通常、「イエス」と答えます。そして、映画とリンクさせる質問で、温泉に対するイメージがふくらんできます。**さらに、興味をかき立てるために、映画のモデルとなった温泉が存在することを示唆する質問をします。**「知っていた」と言っても「知らなかった」と言っても興味が喚起されます。**そして、またクローズドクエスチョンで「行きたいか？」と聞けば、「行きたい」と答えるに決まっています。**

あとは、「温泉に行くことは決まったが、いつにするか」という問題が残るだけであり、ゴールデンウィークを提案するだけです。

このシナリオで質問をすると、先ほどのように「グアムvs.温泉」という対立構造は生じません。温泉に行くことはすでに決まっており、行く時期を「ゴールデンウィークにしよう」と提案しているだけだからです。仮に、妻の方がもともとゴールデンウィークにはグアムに行きたいと思っていたとしても、すでに感情は温泉に行きたいモードになっています。この状態で、グアムにするか、温泉にするかという葛藤《かっとう》をするのと、ニュートラルな段階でグアムと温泉とで対立させるのでは、結果は断然違ってくるでしょう。

多くの弁護士が読んでいる本に『弁護のゴールデンルール』（キース・エヴァンス著、高野隆訳、現代人文社）があります。その中に、コメディーシリーズの「はい大臣」（“Yes Minister”）の一場面の紹介がありますので、引用します。部下に世論調査で思い通りの結果を得る方法を教える場面で、話題は国民徴兵制の復活についてです。


「さあバーナード、きれいな若い御婦人がクリップボードを抱えてやってきたぞ。まずは良い印象を与えなければならない。能なしに見られたいかね、君？」

「いいえ」

「彼女は質問をはじめる。あなたは、多くの若者が失業しているのを心配していますか？」

「はい」

「あなたは10代の若者の犯罪が増えているのが心配ですか？」

「はい」

「あなたは、わが国の中等学校には規律が欠けていると思いますか？」

「はい」

「あなたは、若い世代の人々も人生において多少の権威と指導を喜んで受け入れると思いますか？」

「はい」

「彼らは、挑戦に応じると思いますか？」

「はい」

「あなたは、徴兵制の復活を支持しますか？」

「ああ、……ええと、そう思います」

「はいですか、いいえですか？」

「はい」

「もちろん君は賛成だ、バーナード。いずれにしても、すでに君はノーとは言えない風情だ。……その若い御婦人が君から正反対の答えを引き出す方法もある」

「どうやって」

「ウーリイさん、あなたは戦争の危険を心配されますか？」

「はい」

「あなたは、若者に武器を持たせ、人殺しを教えるのは危険だと考えますか？」

「はい」

「人々にその意思に反して武器を取ることを強要するのは誤りだと思いますか？」

「はい」

「あなたは、徴兵制の復活に反対されますか？」

「はい!!」

「ほら、このとおりだ、バーナード。君は完璧などっちつかずの見本だ」

これは、論理のシナリオによって、相手の思考を方向付け、自分の思い通りの答えを引き出す方法です。

このように、人の思考というのは、一定の思考を経て結論に辿《たど》り着きます。**人を動かそうと思ったら、こちらの望むような道順で思考してもらうように質問のシナリオを作成しておくことです。その際に「質問が思考を強制する」という機能が最大限に発揮されるのです。**

説得したければ、質問を！

物理学に、「作用・反作用の法則」があります。ある方向に力が働くと、必ずその反対方向にも同じ力が働く、という法則です。この法則は人の心にも同じように働きます。**人に何かを押しつけようとすると、同じ力で反抗しようとするのです。**

私は小学生のころ、成績はそれほど悪くはなかったのですが、やはり勉強するのが嫌いでした。親から「宿題はやったの？」と言われると、とたんにやる気がなくなってしまい、「なんだよ。今やるところだったのに、もうやる気なくなった」と言って反抗していました。もちろん自分では、勉強しなければならないことはわかっています。しかし、人から押しつけられると、その通りにやりたくないというのが人間の性質なのです。ところが、「誠、この間の国語のテストは90点か〜。頑張ったな。嬉《うれ》しいよ。どんな勉強したんだ？」。こう言われると、嬉しくて、また良い点を取りたくなって自らすすんで勉強してしまいました。説得されている感じも、押しつけられている感じも、しなかったからです。

人から命令されたり説得されたりすると、自己重要感が低下し、自尊心が傷つきます。**人は他人から命令されたことに従いたくありませんが、自分で思いついたことには喜んで従います。**したがって、**人を説得するときは、説得していることを悟られないようにしましょう。大原則です。そして、自分から思いついて決断するようにし向けるのです。そのためには質問することです。**

ある会社で、ある時、大きな注文が取れそうでした。ところが指定の期日までに納品するには、従業員が連日残業しないと到底不可能な状態でした。ここで、社長が仕事を勝手に引き受け、「みんな、これから3週間は休ませない。毎日残業をしてもらう」と宣言したらどうでしょう？　当然猛反発を食らいます。

しかし、社長は、全員を集め、静かに語りかけました。

「実は、このような注文が来ている。通常の業務スケジュールでやっていたら、到底指定の期日までに納品するのは不可能だ。だから断ってもいい。でも、その注文を取ることができたら、その後大きな契約を取ることができ、会社が発展し、皆の地位も安定するし、給料も上がるだろう」

その上で、**「この注文をどうやったら、納期に間に合わせることができるだろうか？」**と質問をしました。すると、従業員たちは、納期に間に合わせるためのアイデアを次々と出し、結局この注文を受けるべきだと主張しました。**会社から押しつけられる仕事から、自分たちの仕事になった瞬間です。**そして、皆で力をあわせて納品し、会社は発展することになったそうです。

意見を押しつけず、相手が動きたくなるような質問をする

私が20代の頃の話です。私は証拠から考えると、不利な訴訟を引き受けました。それでも、相手の弁護士が重要な証拠を見落としていたことにより、何とか挽回《ばんかい》し、裁判所から和解勧告を受けました。この和解を蹴《け》って証拠調べ手続きに移ってしまうと、不利になりそうな様相です。そこで、私は、依頼者に対し、「和解に応じるべきです」と説得しました。

ところが、依頼者は、頑として和解に応じません。「そんな弱気なことじゃ困ります。先生、がんばってください」

「そうじゃないんです。○○さん、和解に応じるべきなんですよ」

何度かそんなやりとりが続き、私は、やはり本人の意思に任せることにしました。経済的には和解の方が有利だとしても、後悔したら何の意味もありません。本人が納

得するような解決を目指そう、そう考えて、依頼者に言いました。

「わかりました。では、判決で勝負しましょう。全力で勝てるようにがんばりますよ！　ただし、リスクだけは説明させてください」

そう言って、私は今回の和解を蹴った場合のリスクを説明しました。その上で、「私は、あなたのご希望に沿った弁護活動を全力で行います。以上のリスクをご理解いただいた上で、和解を蹴って、判決手続きに移ってよろしいですか？」と質問しました。本当にそうするつもりでした。

すると、依頼者は、「やはり和解にしたいと思います。その方が私にとって得なようです」と言いました。先ほどまで、いくら説得しても首を縦に振らなかった人がです。そして、そのまま和解が成立してしまったのです。

もちろん、当初依頼者が私の説得に耳を貸さなかったのは、私が依頼者に全面的に信頼を得ていなかったことも原因だったでしょう。しかし、同時に、私は、そのとき感じました。人は、他人から意見を押しつけられるときは、ただそれに反発したいがために損得を度外視することがある、ということです。私は、結論を押し付けることによって、依頼者の「自己決定権」を侵害してしまっていたのです。

このように、**人は、他人から押しつけられることは嫌いですが、自分で決めたことには従順に従います。意見を押しつけず、相手が動きたくなるような質問をしましょう。**

同じように、人をその気にさせるには、議論で相手に勝ってはいけません。議論で勝っても相手の感情は動きません。感情が動かない限り、人はその気にならないのです。その意味でも、まずは相手の感情を動かす質問をする必要があるのです。

質問する側にまわって会話の主導権を取る

営業などの場面では、お客様のニーズを探ることが必要となります。このときにも質問は強力な武器になります。たとえば冷蔵庫を見に来たお客様がいるとします。こんなふうに対応したら、どうなるでしょうか。

販売員「いらっしゃいませ。冷蔵庫をお探しですか？」
お客様「そうです」
販売員「今、もっとも人気のある商品がこれです。木目調のとても美しい外観です。また扉が両側から開き、使い勝手がよいと、とても好評です。このお値段からさらに値引きさせていただきますが、いかがでしょうか？」
お客様「ちょっと見てるだけですから」

そう言って店を出て行き、二度と戻ってはこないでしょう。なぜなら、この販売員は、お客様の事情を全く考えておらず、自分の販売成績しか頭にないからです。冷蔵庫を買うのは、販売員ではなく、お客様です。お客様は、販売員が買わせたい商品を買うのではありません。自分が欲しい商品を買うのです。このことを肝に銘じなければなりません。

このことがわかれば、販売員としては、お客様が、どんな冷蔵庫を欲しがっており、その冷蔵庫を手に入れることにより、「どんな快適な生活をしたいのか」というニーズを探らなければならないことがわかるでしょう。もちろんニーズを探った後は、予算も聞き出さないといけないでしょう。お客様のニーズを引き出すには、たとえば次のように進行します。

販売員「お買い換えですか？　それとも新規ご購入でしょうか？」
お客様「買い換えです」
販売員「今お使いのタイプは、どのようなタイプでしょうか？」

お客様「2ドアで小さなタイプです」
販売員「なるほど。今回お求めになるのは、それと比べてどのような点を重視されますか？」
お客様「もっと冷蔵室が大きくてたくさん入る方がいいですね。氷も多く作れる方がいいです」
販売員「やはりたくさん入る方がいいですよね。私も大家族なので、大きな冷蔵庫は必需品です。ところで冷蔵庫には、飲み物が多いとか野菜が多いとか、どんなものを多く入れるご予定でしょうか？」

商品を購入するのはお客様であって、販売員ではありません。そうであれば、お客様のニーズに合った商品をお勧めするのは当然でしょう。そのために、**まず質問し、会話の主導権を取ってお客様のニーズを引き出すことが大切なのです。**

「仮にクエスチョン」で本音を引き出す

相手のニーズを引き出すテクニックとして、「仮にクエスチョン」を紹介します。
「仮にクエスチョン」というのは、「仮に○○だったら、どうですか？」というように、仮定の話をして、相手のニーズを引き出そうとするテクニックです。**仮定の話なので、自分の事情は一切話す必要はありません。**自分の側の事情は一切話さず、**相手の情報だけを獲得できる魔法のテクニックです。**たとえば、次のように使うことができるでしょう。

お客様「いや、見てるだけですから」
販売員「かしこまりました。本日は、ゆっくりとご覧ください。ご案内いたします。ところで、仮にご購入の場合には、おいくらくらいのご予算でお考えでしょうか？」

お客様「まあ、〇〇万円くらいですかね」
販売員「そのご予算ですと、大変品揃えが良うございます。仮にご購入の場合には、どのような点を重視なさいますか?」
お客様「容量ですね。家族が多いので、今の冷蔵庫では足りないのですよ」

このように、**「仮」の話であれば、相手も安心して本音で語ってくれることがよくあります。また、実際の交渉では口に出さないことでも、あくまで「仮」なので、ついロがすべってしまいます。**値段と重視するポイントがわかれば、お客様のニーズに合った冷蔵庫の魅力を伝え、値段が適正であることを納得していただければ、ご購入いただけるかもしれません。「見ているだけですから」などという言葉を信じる必要はありません。興味がなかったら、わざわざ電器店に来て、冷蔵庫など見ないのです。

お客様から拒絶されたとしても、「仮にクエスチョン」を使って、相手のニーズに切り込むことは可能なのです。

これは、営業に限った話ではありません。弁護士として、相手と対立した関係にあるときでも、「仮にクエスチョン」を多用しています。

「では、仮に過失割合で、10対90で合意ができたとしたら、慰謝料は、３０００万円でよろしいですか？」というように使います。

ところで、反対に、お客様の方から質問をされるときがあります。

お客様「広告の特価冷蔵庫ある？」
販売員「ございます」
お客様「ふーん。いくらにしてくれるの？」
販売員「いや〜。このお値段が限界で」
お客様「じゃあ、いいや。もう少し見てくる」

これではダメです。お客様のニーズを引き出していません。質問するということは「その商品に興味がある」ということを自白したようなものです。どのような点に興味があるのか、どのようなニーズを持っているのか、を上手に質問しなければなりません。

お客様「広告の特価冷蔵庫ある？」
販売員「あのタイプの急速冷凍の冷蔵庫をお探しですか？」
お客様「うん。だいぶ安かったと思ったが」
販売員「お客様のご要望によっては、もっとお安いものもあるかもしれません。今は、どのような冷蔵庫をお使いですか？」

このように、質問ブーメランによって、お客様の質問に対し、質問で返すのです。**質問された内容は、お客様のニーズを反映しています。お客様の関心が、そこにあるのです。**関心がなければ質問などしません。したがって、**すばやく質問ブーメランにより質問を投げ返し、お客様のニーズに切り込んでいきましょう。**

脅し文句も質問で

人が動くのは、自尊心を満足させる方向で動くか、自尊心が傷つくのを避ける方向で動くか、のどちらかです。**自尊心が傷つくのを避ける方向で人をその気にさせるには、脅すのが一番です。**マフィアやヤクザが得意とする戦法です。「金を出さないと、痛い目にあわすぞ！」などというのが代表的な方法です。そうすると、相手は、危害が加えられるのを避けるため、しぶしぶお金を払うことになるのです。

しかし、普通の人はなかなか相手を脅すようなことは言えません。相手との関係にもひびが入ってしまいます。そこで、**質問を使って、相手が脅しと感じないように脅す方法をお教えしましょう。**

それは、「自分の感情としては、そうしたくないけれども、自動的にそうなってしまうよ」ということを相手に伝える方法です。たとえば、ビジネスで値引きに応じない業者がいるときに、「私としては御社とお取引を継続したいのですが、先日の会議で値引きに応じない全ての業者との取引を打ち切るという方針が出てしまいまして、どうにもならないのです。今回はなんとか協力していただくことはできないでしょうか?」と言うような方法です。この方法だと、押しつけられている感じがそれほどしないので、感情的な反発を招きにくくなります。また、「取引停止」という脅しも十分に効いています。

脅しは言い方ではなく、話の内容に含まれる恐怖がポイントです。その恐怖さえ伝えることができれば、脅しは十分に功を奏します。したがって、脅す際には、質問を使って、自分の意思とは関係なくその恐怖が実現する可能性を伝えるようにしましょう。そうすれば、相手は、その恐怖が現実のものとなり自尊心が傷つくのを避けるため、その気になってくれるでしょう。

反論にはポジティブに応酬する

人をその気にさせようとしているときに、相手から反論されることがあります。むしろ反論されることの方が多いと言えるでしょう。反論されると、それで「ああ、その気がないのか」と諦《あきら》めてしまう人がいます。しかし、反論されただけで諦めていてはいけません。**反論されるということは、承諾してもらうためにクリアすべき点が明らかにされた、ということなのです。**むしろプラスに解釈しましょう。**反論もせずに去って行ってしまう人が最も説得しにくい人です。**それに比べれば、**反論してくれる人をむしろ歓迎しましょう。**

反論された場合には、その反論をポジティブに解釈し直した上で承諾に誘導する質問をすることです。このような質問法を「ポジティブ応酬話法」と言います。

ここでは、営業の場面で一般的に遭遇する反論を例に考えてみましょう。

①「予算がない」

「予算がない」というのはよく耳にする反論です。予算がないと言われると、どうしようもないと判断し、売るのを諦めてしまうか、あるいはもっと低価格の商品を勧める戦略に切り替える人がいます。しかし、ここで少し踏みとどまり、本当にこの商品を買う予算がないのかどうか、検討してみる余地はあるでしょう。

まずは、「予算がない」という反論をポジティブに解釈し直します。

「本当は買いたいのだけれども、予算が足りない。将来的にコストダウンが得られる、あるいは利益が上がることを証明してくれれば予算をつけることができるよ」

こういうように解釈し直すと、まだ検討の余地がありそうです。次のような質問を投げかけてさらに営業を継続しましょう。

「ありがとうございます。商品の良さはご理解いただけたようで大変嬉しく思います。経費の点さえクリアできればご購入いただけるということでしょうか。では、仮に、この商品を導入していただくことで、将来的にコストダウンが得られる、あるいは利益が上がることにより、御社にメリットがあることを証明すれば、ご購入いただける

というこ とでよろしいでしょうか」

②「必要性がない」

「必要ない」と言われると、もうぐうの音も出ないようになってすごすご引き上げてしまう人がいます。しかし、これもポジティブに解釈してみましょう。

「モノが良いことはわかったが、当社が使用することによって、どのようなメリットがあって、どの程度利益が上がるか、あるいはコストダウンになるか、証明してほしい。そうしたら買うよ」

こう解釈できれば、まだまだ営業を継続する余地がありそうです。次のように質問を投げかけてみましょう。

「ご説明が足りなくて申し訳ございません。この商品を導入することによる御社のメリットをお聞きになりたいということですね。仮に御社にとって大変メリットがあることが証明されれば、ご購入いただけるということでよろしいでしょうか」

③ 「他も見てまわりたい」

インターネットの検索エンジンが発達したおかげで、何かを買おうとするときは、必ず他の店を検索し、比較検討してから購入するようになっています。そこで、「他も見てまわりたい」という反論もよく耳にするところです。

この反論をポジティブに解釈し直しましょう。

「他と比べてこの商品が得だということを証明してくれれば買うよ」

そうすると、私たちがすることは次のようなことでしょう。

「ご説明不足で申し訳ございません。この商品が、他の店舗の商品と比べていかにお得か、というご説明が足りないということでございますね。仮にこの商品が他の商品と比べて最もお得であることが証明されれば、ご購入いただけるということでよろしいでしょうか」

④「もう少し考えたい」

　私たちは、誤った決断をすることにより後悔することを恐れます。買う前には「本当にこの商品を買っていいのか。他にもっと良い商品があるのではないか」と悩み、買った後は、「本当にこの商品で良かったのか。他の方が良かったのではないか」と悩みます。そこで、決断を先延ばしにし、「もう少し考えます」と反論してしまうのです。

　しかし、そのような反論を許してはいけません。決断を先延ばしにしてもいつまでも決断できないままでいるだけです。自分の商品を信じ、「今決断することがお客様のためである」と信じて購入を勧めましょう。

　まずはポジティブに解釈し直します。

「今すぐ決めた方が得であることを証明してくれれば買うよ」

　では、証明してあげましょう。次のように質問しましょう。

「まだこの商品のご説明が足りないということですね。お考えいただくのはよいことですが、私がいないと、その過程で浮かんだ疑問点にすぐ答えられません。今、疑問点を解決した方がよろしいかと存じます。何でもお答えいたします。何をお知りになりたいですか」

このように、断り文句に遭遇したら、ポジティブ応酬話法により、相手の思考をポジティブに解釈し直すと同時に、それを解決するための質問をします。そしてそれが解決したら、購入していただけるのです。今、挙げた例以外の断り文句が出てきても同じです。常に自分の思考がポジティブであれば、それを解決することが可能です。そして、その際には、前に説明した「仮にクエスチョン」が有効です。**相手は反論することにより、断る理由を開示してしまったことになります。**そこで、「ご購入していただくのに支障があるのは、その点だけですね。**仮にその点をクリアしたら、ご購入いただけるのですね」という意味で仮にクエスチョンを使用するのです。**ここで、**相手が「イエス」と答えてしまうと、相手は、自分の発言によって金縛りにあってしまい、購入せざるを得なくなります。**

同じビジネスを続けていると、だいたい同じような断り文句に遭遇することになります。それを毎回考えて応酬していては反応が遅れるし、ミスを犯してしまうことも

ありま す。したがって、ある程度定型的な断り文句が出てくるようであれば、それに応酬する話法を書き出し、覚えてしまいましょう。そうすれば、その断り文句が出てきたときに、何も考えずに、すぐに応酬してゆくことができます。気持ちがすごく楽になることでしょう。

これはセールスだけにとどまりません。あらゆる場面で出てくる断り文句に応用できることです。あなたの置かれた立場に応用してみましょう。

ポジティブ応酬話法で反論を封じた後、最後に決断を迫るのにうってつけの質問方法をご存じですか？

決断を迫る質問とは

人は、他人から命令されたり押しつけられたりすることを嫌います。自分で思いつきたい、自分で決めたい、と願っています。他人から命令されたり、押しつけられたりすると、自分で決定する自由を侵害されたような気がするのです。ところが、反対に、選択肢があまりにも多くなると、今度は自分で決めることができなくなります。自分の判断に確信が持てず、後悔することを恐れてどれも選べなくなるのです。

そこで、**相手に決断を迫っていくときは、選択肢を限定し、その選択肢の中から選ばせるようにします。**2つか3つが適当です。4つ以上になると選ぶのが負担になります。

先日、私はレストランに行って料理を注文し、ワインでも飲もうかと思ってワインリストを持ってきてもらいました。ところが、ワインリストを開いたところ、見たことも聞いたこともないワインの名前がずらりと並んでいました。どれを選んだらよいかわかりません。そこでソムリエを呼び、今日の料理に合うワインを聞きました。すると、「本日の料理に合うワインであれば、このワインをお勧めします」と1本のワインを勧められました。もちろんそのワインにしても良かったのですが、なんとなく自分に決定権がないような気がして、あまり良い気分ではありませんでした。また、自分で聞いておいてなんですが、なんとなく押しつけられたような感じがしました。そんなこともあり、私が決断を迷っていると、ソムリエは、「他にも、このワインと、このワインも合うと思います」と付け加えました。私はとたんに自分の決定権を回復し、「じゃあ、これにします」とそのうちの1本を得意げに注文しました。そして、料理によく合うワインで、その食事を楽しむことができました。

私は、「選択肢がたくさんある時」は、何を選んだらよいかわからずに選択することができませんでした。ところが、「1つだけを勧められた時」は、押しつけられた感じがして、やはりそれに従うことができませんでした。結局、「選択肢が3つ与えられた時」、はじめて安心してそのうちの1つを選ぶという決断ができたのです。

ほんのちょっとしたことですが、1つだけを提示されて勧められると、押しつけられて自分で決定する自由を失った気持ちがします。しかし、選択肢を与えられると自分が自由に決めたような気がするものです。

したがって、**人に決断をさせるときは広くニーズを探って対象を絞っていき、ある程度絞り込んだら、あとは2つか3つの選択肢を提示し、「どれがよろしいですか?」と選択を迫るようにしましょう。その結果、相手は決断をしやすくなり、かつ後悔することも少なくなるでしょう。**

誤導質問
～知らない間に肯定させる禁断の技術

ダメな質問の7つのパターンで、「誤導質問」を取り上げましたが、**誤導質問の持つ強力なパワーを使って、人をその気にさせることができます。**ここで復習しておきますが、誤導質問というのは、質問の前提に誤った事実を挿入することによって、自分の意図した証言を引き出そうというものです。誤導質問とは、たとえば次のような質問です。

弁護士　　「この商品がなぜ評判がよいのか、証人は知っていますか？」
相手弁護士「異議あり！　誤導尋問です。この商品の評判がよいことは証明されていません。それ自体が本件裁判の争点となっているものです」

この質問は、「証人は知っているか？」という質問ですが、知っている対象は、「この商品の評判がよい理由」であり、商品の評判がよいことが前提となって組み立てられた質問です。**証人が「はい」と答えれば当然商品の評判がよいことになるし、「いいえ」と答えても、「商品の評判はよいが、証人はその理由を知らないだけだ」という結論となってしまいます。**したがって、このような誤導質問は、誤った結論を導いてしまう強力なテクニックとして、裁判では禁止されているのです。

本当は、「この商品に関して、よい評判を聞いたことがありますか？」と聞いて「イエス」と答えた場合に、はじめて先ほどの質問をしなければならないのです。

このように、裁判で禁止されている誤導質問ですが、いくら裁判で禁止されていても、実生活では禁止されていませんし、有効に使うことができます。

私がまんまと誤導質問にひっかかってしまった経験をお話しします。私は愛知県で生まれ育ったのですが、大学からは東京で生活することになりました。愛知県から東京に出てきて、自分でアパートを探していた時、不動産業者から2つの物件を見せられました。物件を見た帰り、不動産業者のおじさんは、私に質問しました。

「今見た2つの物件のうち、どっちにする？」

実は、私はこのとき全く別のことを考えていたのですが、この質問をされたことにより、何か2つの物件のどちらかを選ばなければならないような気がしてきて、「後で見た物件の方がいいと思います」と答えてしまいました。すると、不動産業者のおじさんは、「じゃあ、そっちにしようか」と言って、話をどんどん進めてしまいました。その結果、私は学校からかなり離れたアパートに住むハメになってしまったのです。

この誤導質問のテクニックは、たとえば営業の場面でも使うことができるでしょう。

「この車はとても燃費がいいのです。色としては、黒と白どちらがよろしいですか?」

「黒の方がいいね」

「私もその方が好きです。とても落ち着いています。3000㏄と3500㏄がありますが、どちらがよろしいですか?」

「うーん。値段次第だなあ」

「そうですよね。お見積もりに際して、お支払いは現金でしょうか、それともローンでしょうか」

「現金で払うよ」

「ありがとうございます。ちなみにお届けは来週末と再来週末では、どちらがよろしいでしょうか」


この例では、**「買う、買わない」を隠してしまい、当然買う前提で質問を組み立てています。したがって、答える方は、買う前提でしか答えることができません。**そして、お客様は、購入する方へ誘導されてしまうのです。

私たち弁護士が行う債権回収場面では、次のように使うことができます。


「300万円支払ってもらうことになりますが、すぐ払えますか、それとも1週間くらい待ちますか?」

「ちょ、ちょっと無理です。色々相談しないと」

「しかし、とにかく今すぐいくらかでも払ってもらわないといけないんですが、10万円にしますか、それとも20万円可能ですか?」

「では10万円でお願いします」

「それと、先送りになるからには、ペナルティがつきます。保証人をつけますか、それとも何か担保がありますか？」

この例では、**「払う、払わない」を隠しています。当然払う前提で質問を組み立てているので、相手は「払わない」ということを前提にした回答ができません。**あとは条件のみの交渉となり、有利に展開できます。

契約書にサインをさせる時にも、この誤導質問を使ったテクニックがあるそうです。お客様が契約書にサインをするかどうか迷っている時、「ここにサインをしてください」と鉛筆を差し出します。契約書のサインに鉛筆などで書くはずがないなと思い、お客様が、「え？　鉛筆で書くんですか？」と問い返します。その時、すかさず「ああ、間違えました」と言ってボールペンを差し出すと、すんなりサインするという寸法です。

「鉛筆でサインするはずがない」という思考は、すでに契約書にサインをする前提であって、「契約書にサインをするか、しないか」を隠してしまい、契約書にサインをするのは、「鉛筆か、ボールペンか」という思考に切り替わっています。

他にも、次のような誘導質問の例が考えられます。

「配達はいつがよろしいですか？」―注文することが前提
「どちらの色の洋服を先に着てみますか？」―試着することが前提
「当社商品の品質の良さには、引き続きご満足いただけますか？」―前から満足していることが前提

誘導質問は、相手をその気にさせる場面で強力なパワーを発揮します。自由自在に使えるようにしたいものです。

私もアダムも逆らえなかった希少価値の法則

私が弁護士になった後、賃貸マンションを探していたときの話です。都心である程度ハイグレードなマンションを探しており、少し気に入ったマンションがありました。しかし、私は「もっと良いマンションがあるのではないか」と考えており、また別の日に他のマンションを見せてくれるように不動産会社の社員に言いました。

すると、不動産会社の社員は**「かしこまりました。でも、この○○マンションシリーズは、とても人気があって、すぐに借り手が見つかってしまいます。このお部屋はご契約なさらないということでよろしいですね？」**と言いました。

私は、その瞬間、とても不安になりました。他のマンションを見たいものの、このマンションを失うことが怖くなったのです。私は考えました。

「これ以上いいマンションは出てこないかもしれない。他のマンションを見ているうちに、他の人がこのマンションに決めてしまったら、このマンションに住む機会を失ってしまう。せっかく良いマンションなのに、それではもったいないし、後悔するかもしれないぞ」

そして、私は、いてもたってもいられなくなり、その場で賃貸マンションの契約を申し込み、そのマンションに住むことにしました。不動産会社の社員が言ったことが本当かハッタリかはわかりません。また、他に良いマンションがあったかどうかは、今となってはわかりません。しかし、**私は、失う恐怖から、急にそのマンションが価値あるものに思えてきて、契約をしてしまったのです。**

このように、**少なくなったり、なくなってしまったりするものほど価値があるもののように感じてしまう心理を「希少価値の法則」と言います。**前に書いたように、私は、学生時代に賃貸アパートを探しているときには「誤導質問」にひっかかり、弁護士になってからも「希少価値の法則」にひっかかって賃貸契約を結んでしまったのです。

この希少価値の法則は、手に入れる自由を奪われる恐怖を利用するものです。**数が少なかったり、なくなったりすると、手に入れる自由を奪われることとなり、それに**

恐怖を感じてしまい、冷静な判断力を失うのです。また、元々は大量にあったものが、他の人々が獲得したことによって数が少なくなるような場合には、他の人々は、「私は知らない何らかの情報（それに価値があるという情報）を知っていてそれを手に入れているはずだ」と判断し、後で説明する「社会的証明の法則」によって、それを価値あるもののように感じてしまいます。この希少価値の法則は、日常様々な場所で目にすることができます。

例えば、デパートやお店などで「売り切れ」と書いてあると、とたんにその商品が価値あるものに思えてきて、早く買わなかったことを後悔します。

「30％オフ。本日限り」と書いてあると、今日どうしても買わなければ損をしてしまうかもしれないという気がしてきて、冷静な判断力を失ってしまいます。

「このタイプのマシンは、あと10台しか残っていません。すでに5台は予約済みですから、残りはあと5台です」と言われると、早く予約を入れなければならないような気がしてきます。

私たち弁護士も、この希少価値の法則を使います。相手と交渉しているときに、**「この提案に対する回答期限は、９月５日です。同日を経過した時点で、この提案は**

白紙撤回させていただきます」と言います。そうすると、**相手は、この提案による解決を失う恐怖と戦わなければならなくなります。**

ロミオとジュリエットが両家から祝福されていたら、あれほどまでに愛し合わなかったかもしれません。周囲から反対され、妨害されたことにより、相手のことがとても手に入りにくい存在になったからこそ、あれほどまでに執着し、最後は心中までして永遠の愛を欲したのかもしれません。倦怠《けんたい》期に陥った恋人同士の一方に異性の影がちらつくと、とたんに恋の炎が燃え上がるのも、この「希少価値の法則」によります。『トム・ソーヤの冒険』の作者マーク・トウェーンは、「アダムがリンゴを欲しがったのは、そのリンゴが食べたかったからではない。それが禁じられていたから、というだけのことだ」(『名言・名句新辞典』樋口清之監修、旺文社※以下、『名言』と表記)と言っています。人は禁じられると、どうしようもなく欲しくなるのです。

デパートのバーゲンの様子をニュースで見ることがありますが、皆狂ったように商品棚に突進し、他の客が敵であるかのごとく商品を奪い合っています。仮に少数の客しかいなかったら、決してあのような騒ぎにはならないはずです。早く商品棚に行って商品を取らないと、他の客に取られてしまうという恐怖から、あのような大騒ぎになってしまうのです。

希少価値の法則を利用して相手をその気にさせるには、次のような質問の方法があります。

1　すでに行動の自由がなくなってしまったもの

この方法は、すでに売り切れであったり、手に入れることができなくなったことによって、その価値を高めようとする方法です。手に入らなくなったことを知ったお客様は、その商品がとても価値あるものに思えてきて、似た商品も同じように価値あるもののように思えてきます。

「すでに売り切れでございますが、似た商品をご覧になりますか?」、あるいは「あっ、ちょっと待ってください。もしかしたら、もう1つだけ残っているかもしれません。仮に、残っていたら、お客様は、ご購入なさいますか?」と質問します。そして、お客様が希少価値の法則によって「買う」と言えば、取引成立です。「仮にクエスチョン」がここでも使えます。狡猾《こうかつ》な業者は、在庫が多く残っている場合にも、「売り切れ」という紙を貼り出すことによってこの方法を使うかもしれません。

2　自由を奪われる恐怖（期間）

これは、期限を設定し、その期限が過ぎてしまうと手に入らなくなると伝え、失う恐怖を植え付ける方法です。

「あと1日でご購入できなくなりますが、今、お求めにならなくてよろしいですか？」

3　自由を奪われる恐怖（数）

これは、数を限定し、数が次第に減っていって近い将来手に入らなくなると伝え、失う恐怖を植え付ける方法です。

「あと3つしか在庫がありませんが、今、お求めにならなくてよろしいですか？」

このように、購入機会を喪失することを相手に伝え、「今なら買う権利があります。しかし、もし誰かが買ってしまって、買えなくなってしまったら、その責任は、あなたにあるのですよ」という意味の質問を投げかけることにより、行動意欲を高めることができます。**人は、決断を迫られるとき、後悔することを恐れて「もう少し考えた**

い」と決断を先延ばししようとします。しかし、希少価値の法則を使えば、「先延ばしすること自体が後悔の原因になる」という恐怖が生じ、先延ばしして失う「決断」ができないがゆえに購入し、とりあえずの安心を手に入れようとするのです。

必ず成果を得たい時の、質問三段構え

昔話の「鶴の恩返し」は、命を助けてもらった鶴が、そのお返しに機織りをして恩返しをしようという物語であり、私たちは幼少の頃から親しんでいます。私たちも、誰かに何か恩を受けたら、そのお返しをしなければならない気になりますし、またそのような教育を受けてきました。人間関係のバランスを保つためです。このように、**他人が自分に何かをもらったら、そのお返しをしなくてはならない気になることを、「返報性の法則」と言います。**

この返報性の法則は、日常生活のあらゆる場面で見ることができます。年賀状をもらったら、同じく年賀状を返し、間に合わなければ寒中見舞いでお返しをする、というのもこれです。返事を書いていない場合、次に会った時に「せっかく年賀状を頂《ちょう》戴《だい》したのに、お返事しなくてすみません」などとわざわざ謝ってしまう人もいます。誕生日のプレゼントをもらったら、相手の誕生日にもプレゼントをしなければなりません。バレンタインデーに女性から男性にチョコレートをあげると、男性は、何が起ころうともホワイトデーにお返しをしようとします。お通夜、葬式の際に香典をいただいたら、必ず香典返しをするのもこの返報性の法則が社会常識にまでなった例です。

この法則はビジネスでも利用されています。スーパーの試食は、笑顔の販売員が無料で飲食物を通りすがりのお客様に提供しています。それをもらって試食をし、爪楊《つまよう》枝《じ》と皿を返しただけで立ち去るのは少し心苦しい気がします。つい少しでも購入した方がよいのでは？　という気になってしまいます。商品を売り込むことなしに、頻繁に会社に顔を出して、有益な情報や小さなプレゼントを持ってくる営業マンにはついつい注文したくなってしまいます。

この返報性の法則は、あまりに強力であり、公務員を相手に使用されるときは極めて危険であるため、公務員に対し、職務に関連して経済的利益を提供することは、贈賄罪として犯罪とされています。

この返報性の法則を利用して、相手をその気にさせましょう。そのためには、相手に対して依頼の質問をする前に、相手に対して何かを与えるのです。与えるものは、相手の喜ぶものである必要はありません。ハンカチでもキャンディでも、有益な情報でも、なんでもよいのです。何かを与えた途端、相手は、あなたに対して何かをお返しなければならない立場に立つことになります。そこで、依頼の質問を繰り出すのです。

では、**何も与えるものがない場合**（そんなことはあまり考えられませんが）は、どうしたらよいでしょうか。その場合には、**「譲歩」を相手へのプレゼントにする方法があります。**

心理学者のロバート・チャルディーニが行ったこんな実験があります。「州のカウンセリング・プログラム」の担当者を装い、学生を呼び止めて非行グループを動物園に連れて行く付き添いを依頼したそうです。当然学生は嫌がり、83％の学生が断りました。次に、実験者は、まず呼び止めた学生に「2年間にわたり、1週間に2時間、非行少年たちのカウンセラーを務めて欲しい」と依頼したところ、全員が拒否しました。すると実験者は、続いて「では、非行グループを動物園に連れて行く付き添いをして欲しい」と依頼をしました。すると、承諾率は劇的に上昇し、なんと50％もの学生が承諾したそうです。3倍も承諾率が上昇したのです。

この結果から、**ある依頼をしたい場合には、それより大きな依頼をしておいて、拒絶させ、その後、譲歩して目的の依頼をする、というテクニックが導かれます。これ**

を「ドア・イン・ザ・フェイス・テクニック」と言います。

譲歩自体が相手に対するプレゼントとなり、譲歩された相手の方は、「今度は自分が譲歩する番だ」という気になり、依頼に承諾してしまうのです。

このテクニックは、色々なところで効果を発揮してくれるでしょう。たとえば、部下に2時間残業してもらいたかったら、「すまないが今日徹夜で仕上げてもらいたい仕事があるんだけど」と言って「それは無理です」と言われたら、「じゃあ、2時間だけでもお願いできないか」と譲歩すると、すんなり受け入れられます。値引き交渉などでも初めに大きな値引きを要求し、その後譲歩して目的の価格を提示すれば、相手も譲歩してある程度値引きしやすくなります。

私たち弁護士も、初めに相手に要求する際には、落としどころと考える金額よりも大きく請求をします。その後交渉によりお互いが譲歩しあって適切な金額に落ち着くことになります。ただし、過大な請求をすると、現実味がなくなって相手から信用を失いますので逆効果になります。

このドア・イン・ザ・フェイス・テクニックを使用するときは、2段階の質問でもよいのですが、第二段を断られた時のことを考え、三段構え、四段構えくらいにしておくと万全でしょう。どこかで相手も承諾してくれるはずです。例を挙げます。

第一段「毎月3万円の生命保険はいかがでしょうか？」（これで購入してもらえれば言うことはありません）

お客様「ちょっと高すぎます」

第二段「では、もう少し低額の毎月1万円の生命保険はいかがでしょうか？」（ここが本当にすすめようとした商品です）

お客様「すみませんが、やっぱり今回はやめておきます」

第三段「では、どなたかご紹介だけでもしていただけないでしょうか？」

お客様「そうですね。それでは……」

質問三段構えで、何らかの収穫を得てから帰るようにしましょう。

「小さなイエス」で相手を縛る、質問金縛りの術

地面に置いてあるボールは何も力を加えないと、静止したままです。しかし、ある方向に力を加えると、転がり出し、転がり続けます。摩擦がなければ、ずっと転がり続けるでしょう。これを「慣性の法則」と言います。人の心にも、この慣性の法則が働きます。**人は、一旦《いったん》ある行動を取ると、それに矛盾した行動が取りづらくなり、その行動と一貫した行動を取るようになる傾向にある、という法則で、心理学では「一貫性の法則」と言います。**金縛りにあうように、一貫した態度をとり続けてしまうのです。

アメリカの社会心理学者フリードマンとフレイザーはこんな実験をしています。ある町の家庭を対象に、わざと嫌がる依頼をしました。それは、「お宅の家庭用品の調査をしたいので家中を自由に見せていただけますか？」というものです。普通は

断りますよね。彼らは、この依頼を、次の3つの方法で行いました。

A……いきなり訪ねて頼んだ。

B……予《あらかじ》め電話し、調査内容を説明した後で依頼した。

C……はじめに家庭用品に関するアンケート調査を依頼し、アンケート調査後、依頼した。

実験結果では、Aは22%、Bは28%、Cはなんと53%の人から承諾を得ています。

調査を受けた人は、はじめにアンケートに応ずることにより、「家庭用品の調査に協力する人間である」という態度を表明したことになります。そうすると、その後に調査を拒否すると、「自分は家庭用品の調査を拒否する人間である」という態度を表明することになり、その意味で自己矛盾が生じてしまい、自尊心が傷ついてしまうからです。

また、彼らは同じように次のような実験を行いました。それは、ある町の家庭を対象にした、『「安全運転」と書かれた大きな看板を家の前に設置させていただけますか？』という依頼です。次のように行いました。

A……いきなり訪ねて頼んだ。
B……まず「安全運転をしよう」と書かれた8センチ角の小さなステッカーを窓に
　　貼ってもらうように依頼し、承諾を得た後に大きな看板の設置を依頼した。

実験結果では、Aは17％しか承諾しなかったにもかかわらず、Bではなんと76％の人から承諾を得ています。調査を受けた人は、小さなステッカーを窓に貼ることにより、「自分は安全運転を推進する立場の人間だ」という態度を表明したことになり、その後大きな看板を設置する際にも抵抗なく承諾する結果となるのです。おそらく看板設置だけでなく、自分で車を運転する際にも安全運転を心がけていることでしょう。

つまり、いきなり依頼をしたら断られることであっても、小さな依頼を応諾すると、その方向で慣性の法則が働き出してしまい、次の大きな依頼に対しても応諾しやすくなる、ということを示しています。これが「一貫性の法則」です。

車のセールスやマクドナルドでも、この「一貫性の法則」を利用しています。車のセールスでは、客が一旦車の購入を決めると、その後に色々なオプションを勧めてきます。カーナビ、ホイール、シート革張り等々です。客は、一旦車の購入を決めた以上、その立場に縛られます。そして、購入する方向で思考が働き、オプションなども気軽に購入することになります。これがお客様が購入を決める前だと、こうはいきません。車とオプションを全て総合的に考えて「購入するかどうか」を決定することになります。

マクドナルドでは、かつて、店員は、客がハンバーガーの注文をした後に「ご一緒にポテトはいかがですか？」と勧めていました。そうすると、客は抵抗なくこれに応じてポテトを買っていました。

このように、**一旦小さい質問で相手にある立場を取らせ、その後に追加で応諾させる質問法を「二段階質問法」と言います。**

例えば、部下に残業してもらって、2つの仕事をしてもらいたいとします。しかし、2つ同時に頼んでしまうと、負担が大きくて断られてしまう危険がある場合に二段階質問法を使います。この場合、まず「すまないが、今日残業して、この仕事だけでもやってもらえないだろうか？」と依頼します。部下が、あまり負担が大きくないことから「わかりました」と答えた後で、「ありがとう。ああ。申し訳ないが、ついでに○○の件も頼むよ」と第二段階の依頼をします。簡単な第一段階の質問に応諾させた後で、第二段階の質問を繰り出すのです。

部下は、一旦「残業して仕事をする」という立場を表明してしまっているので、断りづらい立場に立たされることになります。

また、高額教材を購入して欲しければ、まずは低額ですぐに手に入る教材を用意することです。低額教材を購入すると、客は「その会社の教材を購入した」という立場を表明したことになるので、その後高額教材の購入に結びつきやすくなる、という仕組みです。適当なタイミングで「もっと効果のある教材についてご説明いたしましょうか？」と質問し、アポイントを取りましょう。

「皆やっているよ」の強力なパワー

私たちは、自分の判断に確信が持てない場合、他人がどのように考え、行動しているかを重要な判断要素とし、それに従う傾向にあります。交差点で赤信号で止まっているとき、他の人々が歩き出すと、信号も確認せず、ついつい つられて歩き出してしまいます。電器屋さんに行って、ポップに「人気ナンバー1」と書かれていたりすると、良い商品に違いない、という気になり、特に目当ての製品がなければ、その人気を信じて購入しがちになります。ファッションでも皆が同じような洋服を着ていると、「他の多くの人たちが着ているのだから、おしゃれに違いない」と判断してしまいます。食事をするのに店を探していて、客が入っていない飲食店よりも、客が多数入っている飲食店の方がおいしいに違いない、と判断してしまいます。このように、**自分の判断が不確実なときに、他人の判断や行動を重要な判断要素としてしまう心理法則を「社会的証明の法則」と言います。**

シンガポールで過去、地方銀行の取り付け騒ぎがありました。特に何のニュースも流れなかったのに、です。調べてみると、その日、予告もなしにバス会社のストライキが決行されたために、銀行前のバス停に大きな人だかりができたそうです。通行人たちが、その人だかりを見て、「ああっ！　あんなに多くの人たちが銀行に預金を引き出しに来ている。あの銀行は倒産するに違いない。私も早く預金を引き出さなきゃ！」と思って、列に並ぶと、他の人たちも同じように考えて列に並び、結果、大規模な取り付け騒ぎになってしまい、その銀行はあやうく倒産しそうになったそうです。

私たちが判断を下す際に、いかに他人の行動を参考にしているかを示す例と言えましょう。

この社会的証明の法則は、販売の場面で多く利用されています。

「他に欲しい方はいませんか？」という質問や、「まだこの商品をお使いでないのですか？」という質問は、すでに他の人が購入していることを示唆することによって、購買意思を喚起しようとするものです。

ビジネスにおいても、**「このシステムは、すでに300社に導入していただいているのをご存じですか？」**という質問や、「この提案は、すでにメンバーのほとんどの同意をいただいているのをご存じですか？」という質問を投げかけることにより、相手に決断させやすくなります。

さらに、**この法則は、自分と類似した他人の判断をより重視する傾向にあります。**そこで、この要素を付け加え、**「お客様と同じような独身の男性の多くは、この商品をお選びになります。その理由をお知りになりたいですか？」**のような質問をすると、より一層相手を引きつけ、その気にさせることができるでしょう。

子供や部下を育てようとする時、私達は、命令して教育しようとします。しかし、質問した方が成長してくれる理由をご存じですか？

人を動かす質問テクニック7

その1 感情→理性の順番で質問する。

その2 「仮に●●だったら、どうですか？」で相手の言質《げんち》を取る。

その3 「今週中に決めていただかないと、取り扱えなくなると言われているのですが、大丈夫でしょうか？」自分で決めたのではなく、どうしようもない、という言い方で脅す。

その4 「時間がない」➤「わざわざ時間を取るほど重要ではない」➤「重要であることを教えて欲しい」➤「では、時間をお取りいただく価値があるという理由についてご説明させていただいてよろしいですか？」否定は、全てポジティブに変換してしまう。

その5 最後は選択肢を２～３個にして、「どれがいいですか？」と選択させる。

その6 契約することが決まっていなくても、「どちらで契約書の案文を作りましょうか？」と契約前提で質問する（誘導尋問）。

その7 「本日、他のお客様とも商談があるのですが、今、お決めにならなくても大丈夫ですか？」失う恐怖を認識させる。

4

人を育てる「いい質問」

部下を育てられない上司とは？

上司は、一般的に、自分の教育方針やマネジメント能力に自信をもっているものです。しかし、それが意外とズレていることに気がつきません。何年も前の話ですが、『日経ビジネスアソシエ』編集部が上司150人を対象に「部下をマネジメントできていると思いますか？」というアンケートを実施したところ、「十分できている」「できている」と回答した人が、なんと全体の71％を占めたそうです。さらに「部下に信頼されている自信はありますか？」と聞くと、「大いに自信がある」「自信がある」と答えた人は64％だったそうです。ところが、部下100人にアンケートを実施すると、上司に対し「大いに不満がある」「不満がある」と答えた人が62％、「大いに満足している」「満足している」と答えた人はわずか38％だったといいます。

上司は、自分で「部下に信頼されている自信がある」と答えているのに、部下は「上司には不満がある」と答えているのです。会社内で、部下が上司に対し、直接批判的なコメントをすることは稀《まれ》だと思うので、上司は、部下に信頼されていると勘違いをしてしまうのでしょう。しかし、現実には、この数字が示すように、部下との関係の中で自分のマイナス面がかなり出てしまっていると思って間違いないでしょう。

この結果は、如何《いか》に上司と部下の感覚がずれているかを表していると言えるものです。

上司は、部下を育て導いていかなければなりません。そのためには、部下から信頼を得ることが大切です。ところが、実際には、無意識のうちに部下からの信頼を失ってしまっているのです。では、部下は、どのような場合に上司に対する信頼をなくすのでしょうか？

ここでは、部下からの信頼を失ってしまう上司のパターンを10個列挙してみます。自分が当てはまっていないかどうか、自分に対して質問してください。１つ１つが部下との関係を破壊し、部下を育てる妨げとなりかねませんので、当てはまる項目があった場合には、直すよう努力しましょう。

1　部下が話している途中で遮ったり、話したことを否定したりする。

ダメな質問パターンに出てきたように、相手が話している途中で遮ったり、相手が話したことを否定したりする人は、自分の考えの方が相手の考えよりも優れていることを証明したい人です。「その考えは間違っている。正しい答えを教えてあげよう」とばかりに相手の答えを否定し、優越感に浸りたいのです。部下は、「自分を大切に扱ってくれていない」と感じ、信頼しなくなります。

2　自分の自慢話ばかりする。

上司の自慢話は、部下などは一生懸命聞いているふりをしますが、実際はほとんど聞いていませんし、軽蔑《けいべつ》されるだけです。**「どれだけすごいか」という評価ではなく、部下が学ぶべき事実のみを伝えましょう。**

3　部下の手柄を横取りする。

部下の手柄を横取りするような上司には、誰もついていきません。人は自分の仕事の成果を認められたいと思っています。それを踏みにじると恨みを買うとともに、自分の手柄にすることで人格的評価は地に落ちるでしょう。

4　えこひいきする。

えこひいきは、自分にへつらう者だけを増やし、自分に意見を言ってくれる貴重な人物を遠ざけます。自分にとってマイナスの行動です。この**えこひいきは、無意識のうちに行われるので、要注意です。**

5　間違ったことをしても、謝らない。

上司は部下に謝らなくていい道理があるでしょうか。そのようなものがあるはずがありません。自分が間違ったことをしたら、ただちに謝らなければなりません。

6　感謝の気持ちを表さない。

同じように、部下から何かを与えられたら、感謝の気持ちを表さなければなりません。感謝もしない上司には、何もしてあげる気にはなりません。

7　自分の意見を押しつける。

自分の意見を聞いてくれない上司には、有益な意見を言う気がなくなります。部下は、自分が大事にされていないと思うでしょう。自分の意見を押しつけず、相手の意見に聞く耳を持たなければなりません。

8　責任回避して他人の責任にする。

何かミスがあったときに、自分のミスを認めず、「あいつがあんなことを言ったからだ」などと必ず他人のせいにする人がいます。このような人は、成長しませんし、ミスを認めないのですから、それを直そうとせず、また同じミスを繰り返します。会社にとって害悪です。

9　相手を傷つけることを言う。

相手に対し、批判や皮肉を平気で言う人がいます。せっかく部下が提案を持ってきても「そんなことをしてゴマをすりたいのか」などと平気で言います。こういう人は、相手を批判したり皮肉を言ったりすることで、自分を優位に立たせたいという欲求があるので、やはり部下からの信頼を失います。

10　陰口を言う。

本人のいないところで悪口を言う人がいます。嫌われること間違いなしですが、これが上司だとタチが悪いと言えるでしょう。それを聞いた人は、自分もどこかで陰口を言われていると感じ、上司から離れていってしまうでしょう。陰口も、人の悪口を言うことで優越感を感じようとするもので、部下からの信頼を失います。

以上の中で自分に当てはまるものがあれば、ただちに直しましょう。部下を育てようと思っても、部下からの信頼を得られなければ、誰もついてきませんし、効果は上がらないでしょう。

大日本帝国海軍の軍人で、第26、27代連合艦隊司令長官だった山本五十六は、部下から絶大な信頼を得ていました。彼の言葉に次のようなものがあります。心に刻んでおきましょう。

「やってみせ、言って聞かせて、させてみせ、褒めてやらねば人は動かじ。
話し合い、耳を傾け、承認し、任せてやらねば、人は育たず。
やっている、姿を感謝で見守って、信頼せねば、人は実らず」

人を変えようとしたら、まず自分を変えなければならないことを憶《おぼ》えておきましょう。

いい上司は、食べ物を与えず、食べ物を得る方法を与える

百獣の王、ライオンは、子を産むと、はじめは母乳を飲ませます。そして次第に肉を食べさせるようになります。そのために母親がサバンナで狩りをして、獲物を捕らえ、肉を裂き、子に食べさせます。しかし、ある程度成長してくると、狩りをさせるようになります。**肉を直接与えるのではなく、自分で食べ物を得るようにさせるのです。そうしなければ、母ライオンが怪我をしたり、死んだりしたとき、子は餌を得ることができず、餓死してしまうからです。**

子ライオンは、餌を与えれば空腹を満たすことができるので、一時的には満足します。しかし、そのようなことを続けていると、長い目で見ると、全く成長しないことになり、不幸だと言えるでしょう。

人間にも全く同じことが言えます。

人を育てるということは、どういうことでしょうか。衣食住を与えれば、人は生きてゆくことができます。すべてを与えておけば、本人は満足します。生きてゆくこともできます。しかし、与える者（多くは親）に事故があったらどうなるのでしょうか。生きてゆく知識と知恵を得ておかなければ、やはり本人にとって不幸と言えるでしょう。「何もできない人間にするには、全てを与えればよい」という言葉があります。全てを与えられると、何もできない人間になってしまうのです。ですから、**人を育てようというときは、与えすぎてはいけません。自分で考え、自分で行動し、自分で獲得できるように育ててゆくことが必要なのです。**

会社組織を考えてみましょう。社長を頂点とするピラミッド構造ができています。社長の方針により、全社員が動くことになります。上司が部下に対し、すべてを命じて、部下がこれに従って動けば、一応の成果を上げることができるでしょう。部下も自分で頭を使って考える必要はなく、ただ言われたことをやっておけばよいので精神的に楽でしょう。しかし、その部下が自分の部下を持つようになったらどうなるでしょうか。それまで上司の指示に従って業務を行うことしかしなかった者が、自分の判断で業務を行い、部下に対して適切な指示ができるでしょうか。とても無理な話です。

したがって親でも上司でもそうですが、人の上に立つ者は、子や部下に対して食べ物を与えるだけではいけません。ライオンのように、食べ物を得る方法を教えなければならないのです。**食べ物を得る方法を学ぶには、自分で考え、自分で工夫し、それに基づいて行動することが大切です。そのためには、本人の思考を誘発しなければなりません。**

思考を誘発するには、質問をすることです。質問には、思考と答えを強制する機能があります。子に対し、部下に対し、適切な質問をするのです。そうすれば、その質問に答えるため、必死に考え、食べ物を得る方法を身につけることでしょう。それこそが上に立つ者の責任なのです。

質問するだけで、子供が急に勉強をするようになる

私は、なぜか知人の子供に会わされることがよくあります。「全然勉強をしないので、言ってやって欲しい」とか「将来弁護士を目指しているので、仕事の内容とかを話してやって欲しい」などの理由からです。

私は、親の意を受けて子供と面談します。面談後、「急に勉強しはじめました。何を話したんですか？」などと聞かれることがあります。嬉《うれ》しい限りですが、特に秘訣《ひけつ》があるわけではありません。私は質問しているだけなのです。

ある知人の子は、中学生だったのですが、将来社長になる、という夢を持っていました。少年が読んだ本で、小学校しか出ていなかったにもかかわらず大会社の社長に上りつめた人の話があったようで、「学校の勉強なんか関係ない」といって、全然勉強しなかったそうです。

私が少年と話したときの会話を要約します。

私　「将来社長になるんだって？」
少年「うん」
私　「どんな会社の社長になるの？」
少年「なんでもいいんだけど、電車の会社とか」
私　「それはいいね。そのときは僕も特等席に乗せてくれよ。ところで、電車会社の社長は、勉強しなくてもなれるのかな？」
少年「本に、学校の勉強なんて関係ないって書いてあったよ」
私　「だったらそうかもしれないね。**ところで君は学校を出てからスイスイと社長になるのと、色々な妨害にあって辛《つら》い思いをした後で社長になるのと、どっちがいい？」**
少年「そりゃ、スイスイなるほうがいいと思う」
私　**「僕が知っている限り、学校を中退したり、学校で勉強をしなかったのに社長になった人たちは、ものすごく努力をして辛い思いを乗り越えているんだけ**

ど、その本にもそのような苦労が書いてなかったかな？」

少年「そういえば書いてあったような」

私「そうだよね。たとえば電車会社の社長になるにはお金の計算ができないといけないから、数学を勉強しないといけないね。電気系統や物理の勉強も必要じゃないかな。電車の歴史も知っておかないといけないね。燃料も知らないといけないんじゃないかな。結局社長になる人は、学校時代に一生懸命勉強するか、学校を出てから一生懸命勉強するかじゃないのかな？」

少年「それはそうだね」

私「僕はね、弁護士になるときに、朝起きてから寝るまで、時間のある限り勉強したよ。風呂に入っているときや、ごはんを食べているときまでね。もしかしたら、君の友達で同じように社長になりたい人がいて、僕と同じくらい死にものぐるいで勉強している友達がいるかもしれないよ。友達じゃなくて他の学校の子かもしれないけど。今、勉強しなくて、その人たちに勝てるかな？社長といっても誰でもなれるわけじゃないからね」

少年「もしかしたら負けるかもしれない」

私「君の人生だから、好きに生きるのがいいよ。今、勉強しなくても、卒業してから死にものぐるいで勉強すれば、もしかしたら社長になれるかもしれないしね。**社長になれるための方法を１つ教えてあげようか？」**

少年「うん」

私**「『今、自分は何をすれば、将来社長になれるのか？』という質問を自分にするんだよ」**

少年「………」（考えている）

私と少年が交わしたのは、こんな簡単な会話でした。特に熱く語ったわけでもなく、私は実体験をふまえて質問を続けただけです。ところが、後日、少年の親から連絡があり、「急に勉強しはじめました。何を話したんですか？」と聞かれたのです。

私は質問しただけですが、注意したポイントがあります。

1　相手の意見を肯定する。

2　相手の立場に立ち、どうすれば相手が望む結果が得られるかを考える。

3　相手に答えを出させる。

この3つです。

相手は子供ですが、自尊心があります。自分の意見を持っています。それを肯定する必要があります。そして、相手は、自分の夢が実現するかどうかに関心があり、私の人生などには関心がありません。だから、相手の立場に立ってともに考えることが必要です。さらに、私が押しつけた意見にずっと縛られるのは苦痛のはずです。しかし、自分で出した結論には喜んで従うはずです。だから、自分で答えを出させるのです。

そうすれば、人は育ってくれるはずです。

相手の行動を抵抗なく変えてしまう魔法の質問

人を育てるというのは大変な作業です。部下の行動が間違っていると思ったときに、「ここをこうした方がいいよ」と言っても、素直に聞いてくれるとは限りません。部下の方も自尊心があります。「なんだ。俺が間違っているというのか。俺の方が正しい」などと自己正当化をして、なかなか行動を変えてくれません。**行動を変えるように言われると、それまでの自分が否定されるような気がして自尊心が傷つくのです。そのために反発するのです。**

私たち弁護士は、犯罪を犯した被告人に会うために警察署や拘置所に行きますが、よく聞くのが犯罪者たちの自己正当化です。「あいつがあのときあんなことを言ったから、こっちだって手が出てしまったのだ。あいつが悪い」「バッグから財布が見えていたら、取ってくれと言っているようなものじゃないか」などなどです。犯罪を実行しているのですから、誰が聞いても「あなたが悪い」というような行動をした人たちです。それでも、多くの犯罪者は、「自分は悪くない」と自己正当化するのです。それが人間です。

そうであれば、周囲の人々も自己正当化するのは当然と言えるでしょう。別に自己正当化が悪いわけではありません。人間とはそういうものだと考えて対処してゆく方がいいでしょう。

さて、**自己正当化に邪魔をされずに相手の行動を変えるにはコツがあります。相手の自尊心を傷つけないことです。**たとえば、会社の中に、机の上が汚い部下がいるとします。注意をしても、「自分は何がどこにあるかわかっています。それに、書類を机の上に置いておいた方が、すぐにやりかけの仕事を始められて効率的です」などと反抗します。この部下の行動を変える方法は次のようなものです。

まず、いきなり「机の上が汚いのは間違っている。すぐに整理しろ」と命令してはいけません。これではさきほどのように反発します。相手の間違いを指摘すると、相手の自尊心が傷つけられるからです。そこで、「やりかけの書類を机の上に置いておくと、デスクに座った瞬間に仕事が開始できて合理的だね。よし。やる気満々だ。頼むよ」と肯定しておきます。それで部下の自尊心は満足し、あとで行動を変えるときも、「自分は間違っていなかった」と自己正当化できる伏線になります。

その後、相手の行動を変える質問をします。

「先日、君の留守中に君の机の上から書類を探そうと思ったんだが、全然見つからなくて大変だったんだ。君の考え方には賛成するけれども、誰が探してもすぐ書類が見つかるようにしておいてくれないか?」

ここでは、机を整理する理由について、「自分はわかっているし、仕事に着手するのに合理的だ」という**理由に反対するのではなく、それとは全然別の理由を持ってきて行動の変更を依頼します。こうすることで、それまでの相手のやり方は間違っていなかったことになります。**ここでは永続的な変更を求めるわけですから、「一旦《いったん》整理してくれないか」とか「今度監査があるから一度整理してくれ」は適当ではありません。一時的に整理された後、再びもとに戻ることが正当化されてしまいます。

そして、**相手が依頼に応じて机の上を整理したら、その後でその行動の変更を賞賛することが必要です。**

「机の上がずいぶん整理されたね。おかげで探していた書類がすぐ見つかったよ。それでいて資料は手の届く範囲に収まっているから、君の言うようにすぐに仕事に着手できて、一石二鳥だね。今後も期待しているよ」

これで、行動を変えたことが正当化されます。本人の自尊心が傷つくことはありません。**また、一旦賞賛し、期待をかけられたことで、その後もとに戻りづらくなります。**

ここでのポイントは3つです。

1　相手の過去の行動を正当化すること。
2　過去の行動の理由とは関係ない理由によって行動の変更を迫る質問をすること。
3　相手が行動を変更したら、それを賞賛し、今後も継続するよう期待をかけること。

このプロセスに従って相手に行動の変更を迫ると、スムーズにいくはずです。

上司と部下の力関係を利用してすぐに命令したくなるところですが、**命令するだけでは人間はその気になりません。部下だからといって自尊心をないがしろにしてはい**

けないのです。あなたと同じく自分を最も大切だと思っている対等な人間なのです。

上司の責任の1つは、部下を育てることであって、自分のエゴに支配されて威張り散らすことではありません。

その点を忘れないようにしなければなりません。

上司の2つの責任とは？

上司と部下の関係において、上司に課せられる責任は2つあります。それは次の2つです。

1　部下に正確かつ迅速に仕事をさせる。

2　部下を育てる。

会社は営利を目的としていますから、なるべく多くの売り上げを上げ、経費を節減することを目指します。そこでは、すべての社員が正確かつ迅速に仕事をすることを求められます。上司は、複数の部下を統率する者として、自分の部下に正確かつ迅速に仕事をさせることを要請されます。

では、正確かつ迅速に仕事をさせるには、何が必要でしょうか。

それは、部下が、自分が行うべき業務を正確に認識することです。上司は、部下が行うべき業務を正確に認識するように的確に指示を出します。場合によっては詳しく説明します。それによって部下が正確に業務を認識することも多いでしょう。しかし、**部下が正確に認識したかどうかはどうやって判断するのでしょうか。**その業務の根底にある考え方まで把握しているでしょうか。それがわかっていないと、予想外の事態が起こったときに対処できないのではないでしょうか。私も部下を持つ身として、このような不安を持つことがあります。

この点を解決するのが質問です。上司が部下に対し、指示命令をする代わりに質問をするのです。質問をすると、部下が自分で考えて自分で答えを出します。その答えを聞くと、本人が本当に理解しているかどうかがわかります。

「○○したらどうする？」

「○○と○○だったら、どちらを選ぶ？」

というように想定される事態を質問し、考えさせ、答えさせます。しかし、多くの上司は、このようなことをせず、指示命令をします。それは、時間がもったいないからです。指示命令で手早く済ませた方が合理的だと思っているからです。しかし、本当にそうでしょうか。簡単な事務作業だったら、考え方も何もありませんから、指示命令でよいでしょう。しかし、取引相手がある仕事だったり、現場で対応が必要な仕事だったりする場合、十分理解しないまま仕事をしていると、思わぬミスを犯す可能性があります。また、いちいち上司の指示を仰ぐために連絡と相談が必要となるかもしれません。結局はその方が時間の無駄ではないでしょうか。

もちろん指示命令も必要ですし、すべて質問で指示するわけではありません。適切に使い分けることが大切なのです。まず、単純な作業、応用を要しない作業、すでに経験があるなどでわざわざ確認を取るまでもない作業の場合には、指示命令で必要最小限の指示をします。それ以外のきちんと理解が必要な業務に関しては、時間はかかるかもしれませんが、しっかり質問をすることにより、部下が理解をしているかどうかを確認することが、結果的には正確かつ迅速な仕事をすることにつながります。

次に、上司には部下を育てる責任があります。なぜなら会社は永続しており、若い者が育って上司となり、また若い者を指導してゆくことが予定されているからです。また、上司といっても経験があるだけです。自分の経験など取るに足らないものだと思います。私は20年以上弁護士をしていますが、自分が知らないことの方が多くあります。部下からの提案に「そんな方法があったのか！」と驚くこともあります。おそらく今後、30年、40年と弁護士経験を積んだとしても、同じでしょう。

したがって、部下をしっかりと育て、部下の頭脳を借りて、上司の提案以上に優れた提案をさせることも大切です。

部下を育てるには、ディスカッションに十分時間を取る必要があります。

まず、業務の大まかな方向性と目指すべきところを説明します。その後で、こう質問します。

「君はどうすればよいと思う？」

そうすると、部下が答えます。不十分な答えの時もあるでしょう。そうしたら、その弱点を指摘するのです。

「そのやり方の場合、〇〇になったら、どうクリアするつもりだ？」

部下はクリアする方法を考えますが、無理だと思ったら、また他の方法を考えるでしょう。これを繰り返します。多くの上司はこの方法を採用しません。なぜなら、これは多くの時間を取られてしまい上司にとって苦痛だからです。しかし、自分の責任を自覚しましょう。上司には部下を育てる責任があるのです。

どうしても部下が適切な答えを言えない場合は、アイデアを示唆しましょう。

「こう考えてみたら、どうだろうか？」

そこからまた部下の思考が始まります。そして、自分で答えを見つけ出させるのです。そのようなプロセスが、人を成長させます。自分で考え、自分で答えを出したことによって、人は成長するのです。

その過程では、上司は決して押しつけてはいけません。部下の成長の手助けをする、という気持ちでいることが大切です。コーチングと同じ考え方です。

私の法律事務所には、私の部下の弁護士やスタッフが多数います。新人で入ってきたときは、教えることの方が多くあります。しかし、**質問を使って指示をしていると、次第に指示することが減ってきます。部下が成長してくるからです。そうすると依頼者からの信頼も高まります。結果的に私の仕事が減るのです。**部下が成長すれば、上司のやる仕事は減ります。結果的に自分のためにもなると信じ、質問を繰り返しましょう。

ポジティブな質問に言い換える

人を育てていこうというのに、「なんでお前はこんなことができないんだ？」などと、ダメな質問パターンで解説したネガティブ・クエスチョンを繰り返してしまう人がいます。このような人も、人を育てようという気はあるのですが、自分本位になってしまっています。このような人の心理は、「私がこれだけ言っているのに、なんで言うことをきかないの？　なんでできるようにならないの？」というものです。相手の立場に立たず、自分の立場から発言してしまっているのです。

これでは相手はその気になってくれません。育ってくれません。**あくまで相手の立場に立ち、相手がどうすればよいかを一緒に考えてゆく姿勢で、質問をしなければなりません。**

それが、「ポジティブ・クエスチョン」です。全ての質問を相手がポジティブな方向で思考するように誘導する質問です。

先ほどの「なんでお前はこんなことができないんだ？」という質問をポジティブにするには、どうしたらいいでしょうか？

それは、まず質問に潜む価値観を抽出し、その価値観を満たすポジティブな質問に変換することです。

「なんでお前はこんなことができないんだ？」という質問に潜む価値観は、「お前はできるはずだ」というところにあります。そうであれば、できるように思考するポジティブな質問に変換すればよいのです。

ポジティブ・クエスチョン

「どうしたらできるようになる？」

「できるようになるために、何か手伝えることはある？」

「いつごろできるようになる？」

「誰と組んだらできると思う？」

「どこで取り組んだらできると思う？」

全ての質問に「できる」という言葉が入っています。これらの質問をすると、「できる」方向に思考が動き出し、ポジティブ思考になるのです。

お気づきかもしれませんが、５Ｗ１Ｈから「Ｗｈｙ」を除いた質問です。「Ｗｈｙ」は追及する質問なので、適当ではないのです。

他にも、自分に対してネガティブ・クエスチョンをしてしまう人がいます。たとえば、**「なぜ俺ばかりがひどい目にあうのだ？」などと言う人は多いものです。このような思考をしていたらいつまで経っても成長しません。**こんなことを言う人は他者に依存する性格のはずです。良いことも悪いことも、全て他から与えられるものであると信じており、自分から行動しようとしません。そこで、考え方を変えるか、行動を動機づけるような質問をする必要があります。

ポジティブ・クエスチョン

「実はひどい目じゃなくて、いいことなんじゃない？」

「この苦難を乗り越えるにはどうしたらいい？」

「ひどい目にあわないためには、あなたの何を変えたらいい？」

少し、ポジティブ・クエスチョンの練習をしてみましょう。

ネガティブ・クエスチョン

「何度注意されれば気が済むの？」

価値観

注意されたら一度で直すべきだ。

←

ポジティブ・クエスチョン

「前回注意した後、何を変えた？」

「今回ミスをした原因は何？」

「どうすれば今後ミスを防げると思う？」

「やり方を変えたことはどうやって確認できる？」

「いつ改善する予定？」

ネガティブ・クエスチョン
「なんでお前だけが売れないんだ？」

価値観
お前も売れるはずだ。

↓

ポジティブ・クエスチョン
「他の人が売れる理由は何だと思う？」

「どこを変えればもっと売れると思う？」

「お客様は、どういう人から買いたいと思う？」

「お客様は、どんな時、買いたいと思う？」

ネガティブ・クエスチョン

「どうしてそんなにやる気のない態度なんだ?」

価値観

やる気を出すべきだ。

↓

ポジティブ・クエスチョン

「気分が優れないようだけど、何かあったの?」

「どういう仕事をしているときにやりがいを感じる?」

「今の仕事にやりがいを感じるにはどうしたらいいと思う?」

「やりがいを感じるときはいつ?」

「誰のために仕事をするときにやりがいを感じる?」

ネガティブ・クエスチョン

「納期が決まっているのに、なぜ守れないんだ？」

価値観

納期を守れるはずだ。

←

ポジティブ・クエスチョン

「納期を守るためには、どうしたらいいと思う？」

「そもそもこの仕事は納期に間に合う仕事だったの？」

「納期を守るために、どういう努力をしたの？」

「どうしたら納期を守れたと思う？」

ネガティブ・クエスチョン

「なんでマイナスにしか考えられないのか？」

価値観

プラスに考えるべきだ。

←

ポジティブ・クエスチョン

「それをポジティブに考えてみると、どうなる？」

「あなたの尊敬する○○さんだったら、どう考えると思う？」

「どこを変えたら、結果が変わったと思う？」

このように、**あらゆるネガティブ・クエスチョンは、ポジティブ・クエスチョンに変換できますし、すべきです。質問には思考を強制する機能があります。否定的な質問をすれば相手は否定的に考え、肯定的な質問をすれば肯定的に考えます。**人を育てようとするときは、相手にポジティブに考えてもらわなければなりませんから、ぜひポジティブ・クエスチョンを身につけるようにしてください。

核心をつく質問で、自分を取り戻させる
～母親の心に劇的に浸透した、看護師の質問

私たちは、目の前で起こる様々な出来事にいちいち反応し、振り回されます。そのために、大切なことを見失ってしまうこともしばしばです。しかし、大切なことを見失ってしまうと、本来なすべきことができず、進むべき道からそれてしまいます。そこで、人を育てる立場にある人は、相手が道からそれていないか、本来の目的を見失っていないかどうか、注意しておく必要があります。そして、**もし、相手が本来の目的を見失っているようなことがあれば、核心をつく質問をして、本来の目的を思い出させ、自分を取り戻させる必要があります。**

『涙が出るほどいい話　第九集』（「小さな親切」運動本部編、河出書房新社）に、次のような実話が載っています。

初めて出産した母親が幸せいっぱいで喜んでいた時、主治医から、「お子さんの心

臓に穴があります」と宣告されました。夜、1人になると、母親は、「あの子を育てていけるのだろうか、命は助かるのだろうか」など次々と不安でいっぱいになり、こっそり新生児室に行ってみました。生まれたばかりの赤ちゃんを見ると、涙があふれ出てきて、止まらなかったそうです。

そのとき、看護師さんが通りかかり、泣き崩れる母親を別室に通し、心のうちを全て聞いてくれたそうです。そして、その**看護師さんは、最後に優しくこう質問したそうです。**

「心臓に穴のある赤ちゃんはいらない？」

母親はハッとして、あわてて「いいえ」と答えると、

「そうでしょう。赤ちゃんはあなたのところに来たの。大丈夫。心配ならいつでも病院に来て」

と言ってくれたそうです。

母親は、将来への不安でいっぱいだったところ、看護師のたった1つの質問で、一番大切なことに気づかされたのです。その母親は、それ以来、その娘を大切に育て、今も、その心優しい看護師の言葉に励まされて過ごしているそうです。そして、いつ

かこの出来事を娘に話したいと思っています。

このように、**たった1つの質問が、人の心に劇的に浸透することがあります。**我が子の心臓に穴があいている？　その事実の前に、母親は、もっとも大切な娘の誕生を喜ぶことを忘れ去ってしまっていたのです。ところが、看護師の核心をついた質問により、それに気づかされます。これは質問のパワーによるものです。つまり、どんな心情にあったとしても、人は質問をされると、強制的に①思考し、②答えを出そうとします。**パニック状態に陥っていた母親に「心臓に穴のある赤ちゃんはいらない？」と質問することにより、大切な赤ちゃんの存在を思い出させたのです。**誰かが、大切なことを考えられないくらいパニックに陥っていたら、この素敵な看護師のように、核心をつく質問をなげかけることにより、大切なことを思い出させてあげたいものです。

次の質問は、日常に忙殺されている私たちをハッとさせるものです。じっくりと考えてみましょう。

〝もし、あなたが死を目前にしてあと一本しか電話がかけられないとしたら、誰にかけますか？

どんな話をしますか？

さあ、いますぐ電話をかけてみてはどうですか？〟

作家　スティーブン・レヴィーン

『こころのチキンスープ 愛の奇跡の物語』ジャック・キャンフィールド、マーク・V・ハンセン著、木村真理、土屋繁樹共訳、ダイヤモンド社

ところで、あなたは、議論に勝つには、相手を論破しなければならないと思っているかもしれません。しかし、実は質問をした方が、議論を有利に進められることをご存じですか？

人を育てるために、自問自答する質問

チェックポイント

- □ 部下の話を遮っていないか？
- □ 部下の話を頭から否定していないか？
- □ 自分の自慢話ばかりしていないか？
- □ 部下の手柄を横取りしていないか？
- □ えこひいきしていないか？

- □ 自分が間違ったとき、謝っているか？
- □ 感謝の気持ちを相手にわかるように表しているか？
- □ 自分の意見を押しつけていないか？
- □ 本当は自分のミスなのに、
部下に責任を転嫁していないか？
- □ 相手が傷つくことを言っていないか？
- □ 陰口、悪口を言っていないか？
- □ ネガティブな質問をポジティブな質問に
転換しているか？
- □ 意見を押しつけず、「君はどう思う？」と
意見を聞いているか？

5

議論を制する「いい質問」

人をその気にさせるのに議論をする必要があるか

これまで、質問の力によって人をその気にさせる方法を説明してきました。人をその気にさせるには、なるべく議論を避け、相手の自尊心に配慮して、質問によって相手の感情を誘導する必要があります。その意味で、人をその気にさせるには、議論の力は必要ない、いえ、むしろ有害だという結論になりそうです。

しかし、人がその気になって決断をする過程を振り返ってみると、まず感情が動いてその気になり、その結論を理性が正当化しなければなりません。この正当化の場面では理論の正当性が必要となります。**私たちが相手をその気にさせ、動かすためには、まず感情を動かし、その後に、相手が理性で結論を正当化できるように手伝ってあげなければなりません。その際に、私たちには、相手の立場に立った論理的思考力が要求されます。**相手の内心にわき起こる反論を、論破していかなければならないのです。

たとえば、相手の感情が動いて買う気になったのに、「でも、20万円は高すぎて手が出ない」と言えば、「分割の36回払いを組むことができます。そうすれば1ヶ月たった6000円くらいですから、月に1回飲み会を我慢すればよいのではないでしょうか。そうすれば内臓も健康になるし、英会話も身について一石二鳥だと思いませんか？」などと論理で正当化してあげなくてはならないのです。

また、**ビジネスの現場では、**営利が追求されますので、売上が向上し、経費が削減されるような提案ができれば、その方向で人は動きます。あとは、その提案が合理的かどうかで判断されます。**合理的な組織作り、合理的な経営戦略、合理的な財務戦略など、感情を排除し、理性で合理的に判断することが要求される場面が多数あります。**そこでは、むしろ理性に基づく議論が戦わされ、よりよい結論に至ることが目指されています。

そのような状況においては、いくら素晴らしい提案をしたとしても、議論が稚拙で相手を納得させられなければ、素晴らしい提案が何の意味も持ちません。**自分の提案をしっかりと理論武装し、相手の論理の欠陥をつくことができなければ、ビジネス戦争を勝ち抜いてゆくことはできないでしょう。**

そのような意味で、私たちは、ある程度の議論力を身につけておく必要があります。私たち弁護士は、相手を論破することによって裁判に勝たなければなりませんので、相当に議論力を磨いていますが、皆さんはそこまでする必要はないでしょう。ある程度の議論力で大丈夫だと思います。そして、**議論においても質問が非常に大きな力を持っています。「質問を制する者は議論を制す」と言っても過言ではないでしょう。**

ソクラテスと弁護士はなぜ議論に負けないのか

古代ギリシャの哲学者にソクラテスがいます。彼は当代一の議論の達人と言われていました。ソクラテスは、「無知の知」、つまり、「自分は何も知らない。唯一知っていることは、『自分は何も知らない』ということだけだ」と主張します。そして、何でも知ったような顔をしている弁論家に議論を挑み、ことごとく論破して、相手が何も知らないことを暴き続けたのです。

しかし、あまりに多くの弁論家を論破してしまったために、ソクラテスは人から恨みを買うこととなりました。その結果、ソクラテスは裁判にかけられ、死刑になってしまいます。その裁判の模様は、プラトンの『ソクラテスの弁明・クリトン』（プラトン著、久保勉訳、岩波文庫）で読むことができます。

ソクラテスの議論の仕方は特徴的です。本を読んでみるとわかりますが、**ソクラテ**

スの議論は質問によって成り立っているのです。決して一方的に自分の主張を長々とまくし立てたりしません。必ず相手に質問し、その相手の回答を受けてまた質問します。そして、前に相手が答えた回答と、次に答える回答が矛盾するように巧妙に質問を組み立ててゆくのです。

相手は、自分が矛盾した答えに導かれていることを知りつつも、そこから逃れることができません。自分で矛盾を認めざるを得なくなり、議論に破れる、という結果になります。

ソクラテスの議論のテクニックについては、弟子であるプラトンの著作で読むことができますが、一例として、『ソクラテスの弁明』を取り上げたいと思います。

以下は、ソクラテスが、「国家の認める神々ではなく、他の神霊の働きを信じるようにアテネの青年たちに教え、堕落させた罪」で告発されたときの、告発者メレトスとの一問一答です。

ソクラテス「君の主張は、私がすべての神を信じておらず、他人にもそのように教えるから罪だというのか。それとも私は神々の存在は信じているが、国家が認める神々ではなく、他の神々を信じ、他人にもそのように教えるから罪だというのか」

メレトス「君はすべての神を信じていない」

ソクラテス「およそ世に、人間に関することの存在は信じるが人間の存在は信じない人がいるか。馬の存在は信じないが馬に関することの存在を信じる人がいるか。これだけは答えたまえ。およそ世に神霊の働きは信じるが神霊の存在は信じないという人はいるか」

メレトス「一人もいない」

ソクラテス「君の訴状によれば、私は神霊の働きを信じる者であることは間違いない。そうだとすれば、私は当然神霊の存在を信じる者であるはずである。ところで、神霊は神々の子ではないのか」

メレトス「その通りだ」

ソクラテス「そうすると、私は神々の一種である神霊を信じているがゆえに神々を信じていることにならないのか。君は私がすべての神々を信じていないと言ったが、おかしいではないか」

このように、**ソクラテスは、相手に質問することにより、相手の言質《げんち》を取り、その言質と矛盾するような結論に追い込む質問を繰り出してゆきます。**もし、ソクラテスが、自分の主張を長々としていたら、相手はいくらでも理由を考えて反論できるでしょう。しかし、**相手は質問に答えることにより、その答えと矛盾することを言えない立場に追い込まれてしまっているので、ソクラテスの質問術の術中にはまってしまうのです。**

ソクラテスの議論法は、質問法そのものであり、質問するからこそ議論に強いのだ、ということが言えます。

議論の勝ち負けというのは、①どちらかが負けを認めた場合、②どちらかが論理矛盾に陥り、論理が破綻《はたん》してしまった場合、③どちらかが何も言えなくなった場合、などに決まります。通常、議論しあっている者が自分から負けを認めることはありませんので、論理矛盾に陥るか、あるいは黙ってしまった場合が決着となるでしょう。

ところで、質問というのは、相手に思考と答えを強制します。相手はそれに答えなければなりません。しかも矛盾なく、です。ところが質問者はどうでしょうか。**質問する方は、自分の立場を明らかにする必要がありません。自分の立場を明らかにしな**

ければ、その論理の矛盾を攻撃されることもなく、黙ってしまうこともありません。ただ相手の論理の欠陥を見つけるべく質問をしていればよいのです。つまり、質問をする者というのは、自分は安全な立場にいて、相手を攻撃する立場にある者のことなのです。

だから、質問をし続けるソクラテスは議論に負けることがなかったのだと言えるでしょう。

これを裁判で考えてみましょう。

裁判での証人尋問は、弁護士が証人に対して質問をします。弁護士は、易しい質問をするばかりではありません。反対尋問などでは、証人が嫌がるような質問をし、怒らせる場合もあります。しかし、**尋問において、弁護士が証人と議論をして負けることはありません。**なぜでしょうか。**それは、やはり弁護士が質問をする側であり、証人は答えを強いられる側だからです。**質問する側は好きなことを聞き、答える側は、質問者が聞いてきたことに関係することを答えなければならないため、質問者が議論の土俵を決定しているからなのです。

ここで、元弁護士で、アメリカ大統領になったリンカーンの反対尋問を見てみましょう（『反対尋問』ウェルマン著、梅田昌志郎訳、旺文社文庫）。

この事件は、被告人が野外で被害者を射殺したことから殺人罪で起訴されたところ、リンカーンが被告人の弁護を引き受けたものです。最後の証人尋問で、リンカーンは、被告人が拳銃《けんじゅう》で射殺するところを目撃したという証人に反対尋問を行います。

リンカーン「で、あなたは、直前までロックウッドと一緒にいて、ピストルの発射を見たんですね？」
証人「そうです」
リンカーン「それであなたは、そのすぐ傍らに立っていたのですね？」
証人「いや、20フィートほど離れていました」
リンカーン「10フィートだったのでは？　そうじゃなかったのですね？」
証人「たしかに20フィート、あるいはそれ以上ありましたよ」
リンカーン「広々とした野原だったんですか？」
証人「いや、林の中ですよ」
リンカーン「何の林です？」

証人　「ブナの林です」
リンカーン　「8月なら、葉はかなり繁っていますね？」
証人　「ええまあ、かなり」
リンカーン　「このピストルですが、その時使われたものだと思いますか？」
証人　「そのようですね」
リンカーン　「被告人が射撃するところが見えましたか？――銃身をどう扱ったか、そうしたことすべてですよ」
証人　「ええ」
リンカーン　「現場は集会の場所からどのくらいの近さでした？」
証人　「3／4マイルです」
リンカーン　「電灯はどこにありました？」
証人　「牧師席の傍の上の方ですよ」
リンカーン　「3／4マイル離れた場所の？」
証人　「そう――もう答えたでしょうが」
リンカーン　「あなたはロックウッドかグレイスンが現場でローソクを手にしている

のを見ませんでしたか？」

証人「いや、見ないね！　なんでローソクなんぞが要るんです？」

リンカーン「それでは、どうしてあなたは射つところが見えたんです？」

証人「月が出ていたからね！」（挑戦的に）

リンカーン「夜の10時に、射撃するところが見えたというんですか？——電灯から3／4マイル離れた、ブナの林の中なんですよ？——ピストルの銃身が見えたんですか？——その男が発射するところが見えたんですか？——20フィート離れていて見えたんですか？——集会の電灯から1マイル近く離れて見えたんですか？——それが全部月の光で見えたんですか？」

証人「そうですよ、前にそう言ったでしょう」

すると、リンカーンは、上着のポケットから暦を取り出してゆっくりと開き、証拠物として提出して陪審員と裁判官に見せてから言いました。「月はその夜出ておらず、翌朝1時が月の出である」

リンカーンの優れた反対尋問によって証人が偽証をしていたことが明らかになったのです。リンカーンが質問ではなく、はじめから「あなたは嘘をついている。当日十時は月が出ておらず、射殺した瞬間は見えなかったはずだ」と言ったらどうなるでしょう？　証人はなんなく「当日は、現場近くにローソクがあったので、射殺の瞬間が見えたのです」と答えたでしょう。しかし、**リンカーンが質問により、証人自らの口で「近くにローソクや電灯はなく、月の光によって射殺を見たのである」と言質を取ったことから、リンカーンは、証人の嘘を暴くことができたのです。**

このように、議論においては、質問をする者が有利になり、答える側が不利になります。

したがって、議論を有利に展開しようと思ったら、答える側ではなく、質問する側にまわらなければなりません。質問する側にまわることにより、議論の土俵を設定し、議論をコントロールすることができるでしょう。

質問で、相手の価値観をこっそり変える

相手が反論をしてくる場合、答えに詰まってしまうと、話はそこで終わりになります。相手の反論があったら「その通りですね」と同意して、別の観点から説得を試みるか、あるいは「なるほど。その点について、こう考えてみたらどうでしょうか」と切り込んでゆく場合があります。ただし、反論に対して即座に否定してはいけません。その時点で相手は防御態勢を取り、こちらの話に耳を傾けないようになってしまいます。

相手が反論する場合には、その根底には、ある価値観があります。その価値観に揺さぶりをかける方法があります。

たとえば、2万円の鞄《かばん》を買ってもらおうとしている時、お客様が「予算がない。他に買いたいものもあるので、せいぜい1万円しか出せない」と反論する場合がありま

す。この時のお客様には、「鞄に2万円も出すのはもったいない」という価値観が存在します。お金は2万円あるけれども他に使うつもりである、ということです。そうすると、この価値観を「鞄は2万円出しても良い製品を買うべきである」という価値観に変えてしまえばよいわけです。

たとえば次のように進行します。

お客様「予算がありません。他に買いたいものもあるので、せいぜい１万円しか出せません」
店員「そうですよね。私も買いたいものだらけです。ところで、今お使いの鞄もやはり１万円くらいの鞄でしたか？」
お客様「だいたいそうだと思います」
店員「何年くらいお使いになりましたか？」
お客様「１年くらいで、ここの部分が取れてしまいました」
店員「なるほど。このタイプですと、そうですね。だいたい１年程度が寿命ですね。ところで、ご予算１万円のこのタイプもだいたい１年程度の寿命になると思います。1年ごとに買い換えるのは、ちょっともったいないですよね？」

お客様「そうですね。でも仕方ないのでは？」

店員「3年くらいの期間で考えるなら、もっとお得な買い物ができると思いますが、ご紹介させていただいてよろしいですか？」

お客様「ぜひお願いします」

店員「今回のご予算からははずれるのですが、この鞄は〇〇製法でできており、だいたい寿命が3年くらいでございます。そして、デザインも恰好《かっこう》良いと思いませんか？」

お客様「いい感じですね。ところでいくらですか？」

店員「お値段は2万円です。3年持てば、むしろ良い鞄の方がお得になります。色は黒と茶色とどちらがお好きですか？」

お客様「黒の方がいいですね」

店員「では、こちらの商品です。長い目で見て、結局はお得な方が良いですよね？」

お客様「そうですね。でも、今すぐ2万円は痛いですよ」

店員　「ボーナス払い、あるいは分割払いもご利用できます。どちらにいたしますか？」

このように、相手の反論に反対せずに、価値観の部分に揺さぶりをかけるように質問をしていきます。そして、価値観の部分が覆れば、相手の結論も変わります。そして、その気になってくるのです。

したがって、相手から反論が出たら、「この反論の根底にある価値観は何だろう？」と考え、その価値観を見つけたら、その価値観を覆すよう努力するのです。

「そもそも流議論術」

弁護士が得意とする論法に「そもそも流議論術」があります。これは、次のような型から成り立ちます。

1　そもそも……

2　ところで……

3　だとするならば……

例を挙げましょう。

「そもそもこの会社は、人間を皆平等に扱いますか?」

「もちろんです」

「ところで、女性も男性と同じ人間ですね」
「はい」
「だとするならば、同じ人間である男性も女性と同じくお茶出しをさせるべきではないでしょうか」

このような感じです。

まず、「そもそも……」の部分で大前提となる価値観を打ち出します。そして、「ところで……」により、判断基準を打ち出し、「だとするならば……」で当てはめを行う、という方法です。

わかりにくいかもしれないので、もう少し例を挙げてみます。

親「そもそも、あなたは将来何になりたいの？」
子「パイロットになりたい」
親「ところで、パイロットになるには、飛行機のこととか、空のこととか、色々知らないといけないと思わない？」

子「そうだね」

親「だとすると、今のうちから算数とか理科とか勉強しておいた方が、パイロットになりやすいと思わない？」

この「そもそも流議論術」は、話が脱線した時にも威力を発揮します。

話をしていると、「車の話から家族の話へ、家族の話から旅行の話へ」というように、どんどん話が展開していって、何の話かわからなくなってしまう場合があります。そんな時、最初の話に引き戻すには、常に「そもそも何の話をしているか」を頭に入れておく必要があります。そして、相手にそのことを認識させるには、「そもそも、今は何の話をしていたのでしたっけ？」と質問することにより、相手も「ハッ」と思い出し、また元の話題に戻れるというものです。

「そもそも流」は自分に対しても効果を発揮します。

たとえば、弁護士になるために勉強を始めたとします。色々な本を買ってきて計画を立てて勉強をしますが、学ぶことに一生懸命になると、試験に受かることよりも、「勉強すること」自体が目的化してしまう人がいます。そういう人は、勉強も横道に逸《そ》れていきますので、合格できなくて司法試験を諦《あきら》めたり、合格が何年も遅れたりしていました。私は、「そもそも何のために勉強をしているのか」を常々考えて勉強していました。あくまで弁護士になるのが目的であり、司法試験に受かるための勉強です。ですから、試験に受かるような勉強のみに集中すべきなのです。その結果、私は比較的短期間で司法試験に合格することができました。

キケロは「汝《なんじ》は生きるために食うべきで、食うために生きるべきではない」と言っています。**私たちは一生懸命になっていると、往々にして目的を失いがちになります。そんなときは、一度立ち止まって「そもそも何のためにやっているか」を問い直すとよいでしょう。**

このように、「そもそも流」は、色々な場面で使えますので、ぜひ普段から、「そもそも」と考える癖をつけてみてください。

妻に携帯を見せろと言われたらどうするか
～議論における立証責任

「立証責任」という言葉を聞いたことがありますか？

法律用語なのですが、たとえば、殺人事件において、犯人が殺人を犯したことを証明する責任は検察側にあります。検察側がすべてを立証しなければなりません。

弁護側は、犯人が「殺人を犯していない」ことまで立証する必要はなく、検察側の立証にケチをつけ、「殺人を犯した」ことの立証を邪魔すれば足りるのです。

「疑わしきは罰せず」の言葉どおり、検察側は、「殺人」について、疑いを入れられないほどに立証しきらなければならないのです。

民事事件において、たとえば貸し金請求の場合には、原告が、「お金を被告に渡したこと」「そのお金を返してもらう約束をしたこと」「約束の期日を過ぎたこと」を立証しなければなりません。

この点について原告に「立証責任がある」といいます。原告は、これらを立証しきらなければ、敗訴することになります。

被告側は、これらの点について、原告の立証にケチをつけ、立証を邪魔すれば足ります。

この立証責任の考え方を、議論に応用してみましょう。

たとえば、任意の税務調査では、「質問検査権」というものがあり、納税者は、これを受忍する義務があります。ただし、机の引き出しや金庫等を無理矢理開ける義務はありません。

そこで、調査官は、納税者に、何とか金庫や引き出しを開けさせようと、色々なテクニックを駆使します。そこで多用されるのが、次のような問答です。

税「ちょっと金庫内を見せていただけますか？」

納「それは困ります」

税「なぜですか？　見られて困るようなものが入っているのですか？」

納「そんなことはありません。税金をごまかすような書類は入っていません」

税「だったら見せていただいてもいいのではないですか？」
納「何も入っていません。このビルの賃貸借契約書等が入っているだけです」
税「でしたら見せていただいても大丈夫ですね。何も入っていないということを証明して気持ちよく調査を続けましょう」
納「………」

先ほど、任意調査では、金庫を無理矢理開ける義務はないと言いました。したがって、納税者には、金庫を開けることを拒否する権利があります。

しかし、「見られて困るようなものが入っているのですか？」というマジックワードにやられてしまって最終的には金庫を開けざるを得ない結果になっています。

これは一種の立証責任の転換です。いつの間にか自分が金庫内に何もないことを立証しなければならない立場に追い込まれてしまっているのです。

最終的に拒否することができるのだという認識を持つことが必要です。そのうえで、立証責任を調査官側に転換してみましょう。

ちょっとやってみます。

税「ちょっと金庫内を見せていただけますか？」

納「なぜですか？」

税「金庫内に調査に関係のある資料があるか確認するためです」

納「金庫内にそのような資料があると判断したのですか？　そう判断した根拠を示してください」

税「一般的に考えて金庫内には、調査関係資料が入っていることが多いからです。何か見られて困るようなものが入っているのですか？」

納「そんな一般論を言われても困ります。私が提出した資料のどこから考えて、金庫内にどのような資料があるとお考えになったのですか？」

税「それは言えません」

納「それでも私は法律上金庫を開ける義務がありますか？」

税「法律上の義務ではありません」

納「では、金庫は開けられません」

ただし、不正を疑われることになりますので、ほどほどに……。

たとえば妻に「携帯電話見せて」と言われて、夫が「嫌だよ」と答えると、妻は、「見せられないようなやましい理由があるの?」と質問します。夫が「そんなことあるわけないだろう」と言うと、妻は「じゃあ見せてよ」と迫り、結局見せることになってしまいます。

しかし、こんな場合にも、立証責任の転換で上手にかわすことができるはずです。ドキッとした方は、研究してみてください。

さて、ここまでは他人に質問する方法でしたが、**実は、質問を自分にすると、自分を思い通りに変えられることをご存じですか?**

議論に勝つための２大論証法

その1 そもそも流議論術

「そもそも……」「ところで……」「だとするならば……」

例 ➤ 夫にゴミ出しに協力してほしいとき

妻「そもそも、夫婦は協力しあって家庭を築いていくものよね？」
（価値観）
夫「まあ、そうだな」
妻「ところで、協力しあうというのは、自分ができることは
相手の手助けをするということよね？」（判断基準）
夫「確かにそのとおりだ」
妻「だとするならば、あなたが会社に行く時に、
ゴミを出すことには、協力してもらえるのではない？」（結論）
夫「……」

その2 立証責任

「それは、あなたが立証すべきことだ！」

例 ➤ 友人から霊などを信じるように強要されたとき

友人「あなたは霊魂を信じますか？」
自分「いいえ」
友人「なぜ、あなたは信じないのか？　霊魂がないというの
なら、それを証明してください」
自分「それは逆ですよ。私に信じさせたいのなら、
霊魂があることを証明してみてください」

6

自分を変える「いい質問」

金持ち投資家と破産寸前の男
〜会社の同期2人は何が違ったのか

2人の男が同窓会で顔を合わせました。2人とも大学を卒業したときに同じ会社に入社しました。しかし、現在、1人は悠々自適の生活をする投資家、1人は破産寸前、2人の男たちはどこが違っていたのでしょうか。

2人の男が勤めた会社は、2人が就職して5年後くらいから業績が悪化し、10年後には、給料が全く上がらない状態になりました。**破産寸前の男は、自分に質問しました。**

「なぜ俺はこんな会社に就職したのか？　なぜこんなに運が悪いのか？」。そして、近くの居酒屋で愚痴をこぼしました。

他方、**投資家の男も、自分に質問しました。**

「このままではこの会社はダメになる。これまでの経験を生かしてビジネスが始められないだろうか？　今後需要があるのは、どんな分野だろうか？」。そして、投資家の男は独立し、事業を興しました。

40歳になると、**破産寸前の男は、**関連会社に出向させられました。事実上の左遷です。男は自分に質問しました。

「なぜ俺だけがこんな目に遭うのか。神はいないのか？」。そして、近くの居酒屋で愚痴をこぼしました。

投資家の男は、40歳になると、ビジネスも軌道に乗ってきました。男は自分に質問しました。

「このままずっと働き続けるのは限界がある。家族との時間も大切だ。自分が働かずに収入を得るにはどういう方法があるだろうか？」

そして、投資家の男は、ビジネスを他人に売却し、数億円を手に入れました。そして、そのお金を元手に、不動産投資を始めました。

そして、50歳になり、同窓会で顔を合わせたのです。**1人は悠々自適な不動産投資家、1人は会社をリストラされた破産寸前の男です。この2人の違い、それは、自分に対する質問でした。**破産寸前の男は、いつも自分の置かれた状況を他人のせいにして、愚痴ばかりこぼして何も行動しようとしませんでした。投資家の男は、常に自分が向上すべく自問しました。「どうすればもっと良くなるか？」という質問をし続け、その答えを得て行動したのです。

質問は他人にばかりするものではなく、自分に対しても行うものです。**考えるというのは、自分に質問するということです。自分に良い質問をすれば、良い方向に思考が回転し、悪い質問をすれば悪い方向に思考が回転します。**「なぜ俺はダメなんだ？」と自分に問いかけて、良い答えが生まれるはずがありません。「自分が他人より優れているところはどこか？　どうすれば自分の長所を伸ばせるか？」と質問するから良い答えが生まれるのです。

その意味で、自分に質問をするということは、自分をコントロールするということでもあります。**人生で成功するためには自己コントロールが不可欠ですが、自己コントロールをするための一番の近道が自分に良い質問をすることです。**

もう1つ、例を挙げましょう。

『こころのチキンスープ』に次のような話が載っています。

ある時、カナダのバリーという町が竜巻に襲われ、数十人が亡くなり、数百万ドルの被害が出たそうです。その時、テレメディアという放送会社のボブ・テンプルトンがその町を通りかかり、被害のひどさを目の当たりにし、1つの計画を思いつきました。それは、バリーの被災者を救済するために、3日以内に準備をし、3時間以内に300万ドルを集める、という計画でした。そして、テンプルトンは、その計画を重役会議で提案しました。

すると、1人が言いました。「本気か？　そんなことできるわけないだろう？」テンプルトンは言いました。「僕は、できるとか、しなければならないとか、そういうことは言っていない。ただ、皆がやってみたいかどうかを聞いているんだ」「もちろん、やってみたいさ」と皆が言いました。

すると、テンプルトンは、黒板にアルファベットのTを書き、その右側に「なぜできないか？」、左側に「どうしたらできるか？」と書き込むと、さらに右側の「なぜできないか？」という文字に大きく×印をつけました。

そしてテンプルトンは言いました。「僕は、『なぜできないか？』なんてことを議論する気はないんだ。時間の浪費にすぎないからね。『どうしたらできるか？』だけを議論したいんだ」。その結果、3日以内である翌週の火曜日にはラジオマラソンが始まりました。カナダ全域の50のラジオ放送局が協力し、著名司会者の協力も得て、3時間で300万ドルを集めてしまいました。

私たちも、何かを始めるとき、「できるはずがない。なぜかと言うと〜」と言って、できない理由ばかりを探していないでしょうか。それよりも「どうすればできるか？」を考えるべきです。質問の仕方によって、成功もし、失敗もするのだということを憶《おぼ》えておくべきです。

ぜひ自分に対して質問する力を磨いていただきたいと思います。

人生で成功するための３つのルール

では、人生で成功するためのルールは存在するのでしょうか？

偉大な成功者に共通する行動法則があります。成功哲学の本を読んでもだいたい同じです。

それは、①目標を設定し、②行動を起こし、③成功するまでやり抜く、ことです。

目標を設定せず、むやみに行動を起こしても決して成功しません。それは、明確な目的地もなく海を漂っている、漂流者のようです。目標を設定するからこそ、達成できるのです。

しかし、いくら偉大な目標を設定したとしても、行動を起こさなかったら、何も達成できません。目標だけが立派でも、いつも寝転がってテレビを観ているようでは、目標を達成することはできないのです。大地を蹴《け》って起きあがり、旅に出発しなければ、目的地に到達することはできないのです。

しかし、目標を設定し、行動を起こしたとしても、途中で投げ出したら、目標を達成することはできません。目標に到達する旅は険しく困難です。何度困難にぶつかっても、断固としてやり抜く強さが必要となります。この①目標を設定し、②行動を起こし、③成功するまでやり抜く、の3つが成功法則と言えるでしょう。**この3つを実現するには、自己コントロールが必要となります。自分の感情と行動をコントロールし、いつも目標に向かって突き進んでこそ、成功することができるのです。**

では、この3つを実現するには、どうすればよいでしょうか？

① 目標の設定

目標を設定するには、どうしたらよいでしょうか？

自分に質問することです。目標を紙に書き出すと、具体的で実現可能になります。紙と鉛筆を用意してください。ここでも、5W1Hが使えます。

1　あなたは何（What）を実現したいですか？

まず、あなたが実現したい目標をいくつも書き出しましょう。「1億円欲しい。起業する。結婚する。受験に合格する。……」。なんでもよいので、ありったけ書き出すことから始めます。「達成できないかもしれない」「達成できなかったときに自分が嫌になる」、そんなことは考えてはいけません。評価や判断は後です。ブレーンストーミングの要領で、とにかく目標をありったけ書き出しましょう。目標を決めなければ達成することなどできないのですから。

2　目標はいつ（When）までに達成しますか？

目標達成は、具体的でなければなりません。したがって、書き出した全ての目標について、期限を設定してください。もちろん達成可能と考える期限でなければなりません。期限のない目標は、単なる将来の夢です。あなたは目標を達成するために今、目標設定をしています。したがって、目標を実現する期限を定めなければならないのです。

3 目標を達成するために犠牲にすることは何（What）ですか？ その上で、あなたは、目標と犠牲のどちら（Which）を選びますか？

目標を達成することは、通常並大抵のことではありません。必ず何かの犠牲を伴います。たとえば、資格試験に合格したければ、勉強をしなければなりません。当然多くの時間を費やし、今まで時間を費やしていた飲み会やテレビの時間を犠牲として差し出さなければなりません。あなたは、目標を設定する際に、目標達成を選ぶのか、これまで得ていた飲み会やテレビの時間を選ぶのか、という選択をしなければなりません。全てを得ることはできないのです。

② 行動を起こす

目標を設定したら、すぐに行動を起こさなければなりません。さきほど書いていただいた目標のうち、10年前からの目標はありますか？　5年前からの目標は？　あるいは1年前からの目標は？　そのうち、これまで何の行動も起こさなかったものはいくつありますか？　おそらく、多くの目標について、何の行動も起こさずにきたのではないでしょうか。しかし、**行動を起こさなければ、何も変わりません。あなたが行動を起こさない限り、周りは何もあなたに与えてはくれないのです。**

ゲーテは「人生は全て次の2つから成り立っている。したいけど、できない。できるけど、したくない」と言っています。それだけ、人は考えているだけで、行動を起こさないものなのです。だからこそ、行動を起こすことのできる一握りの人だけが成功者となるのではないでしょうか。今すぐ行動を起こしましょう。

行動を起こすには、「どうやって（How）」を使います。

4　どうやって（How）目標を達成しますか？

これまでで、達成すべき目標と期限が明らかとなりました。**その期限までに目標を達成するためには、「いつ（When）、何を（What）すればよいのでしょうか？　あなたはどうやって（How）実行すればよいですか？　誰（Who）の協力が必要なのでしょうか？」**。これらの質問を自分にしてみることです。

目標が大きければ分割しましょう。10年後までに1億円を貯めたいと思えば、平均すると、1年間に1000万円です（実際には、金額は後にいくほど上昇してゆくはずですが）。そうであれば、1年間に1000万円を貯めるには、今の会社で会社員をしていては無理かもしれません。ではどうすればよいでしょうか？

このように具体的に、そして現実的に考えてゆくのです。

私も今までそうやって目標を実現してきました。今でも常に目標を設定し、行動を起こし続けています。**あなたも、目標があるならば、今すぐ行動を起こすべきです。**

③ 成功するまでやり抜く

目標実現までの道のりは簡単ではありません。大抵困難な壁にぶち当たります。そこで諦《あきら》めたら、目標は実現できません。成功するには、最後までやり抜かなければならないのです。

成功するまでやり抜くための質問はどんな質問でしょうか？

図4 目標達成のための4つの質問

質問1
あなたは何(What)を
実現したいですか？

↓

質問2
目標はいつ(When)までに
達成しますか？

↓

質問3
目標を達成するために
犠牲にすることは何(What)ですか？
その上で、あなたは、目標と犠牲の
どちら(Which)を選びますか？

↓

質問4
どうやって(How)
目標を達成しますか？

5　どうしたら（Ｈｏｗ）、この壁をクリアできるだろうか？

私たちは、壁にぶち当たると、「もうダメだ」「これは解決不可能だ」「やっぱりダメだった」などと、マイナスに考えてしまいがちです。しかし、成功するためには視点を切り替えなければなりません。「どうしたらできるか？」と質問をぶつけるのです。

偉大な発明王、エジソンは、白熱電球を発明するまでに、数千回、数万回も失敗したといいます。しかし、エジソンは言います。

「私は失敗したのではない。数千個、数万個もの成功できない方法を発見したのだ」

エジソンは、成功するまで諦めませんでした。失敗したときに、「もうダメだ」などと弱音を吐くことはありませんでした。「そうか。この方法ではできないんだな。1つわかったぞ。ではどうすれば、この壁はクリアできるだろうか？」と考えたのです。そして、ついには成功する方法を発見し、偉大な発明を成し遂げたのです。

失敗を乗り越えるには柔軟性も必要です。1つの方法がダメだったら、他の方法を試してみなければなりません。粘りと柔軟性が不可能を可能にするのです。

6　どうしたら（How）、もっとうまくできるだろうか？

もう1人偉大な人物に登場していただきましょう。

「ケンタッキー・フライドチキン」のカーネル・サンダースです。彼は、元々レストランを経営していたのですが、65歳の時、レストランのある国道から少し離れた場所に新しいハイウェイができ、客が激減。店は競売にかけられて全てを失ってしまいました。

しかし、カーネル・サンダースは立ち上がりました。「自分のチキンのレシピを売ろう！」。そして、カーネル・サンダースは、2年間、アメリカ中を回りますが、全く契約は成立しませんでした。**彼が営業した回数は、なんと1009回です。1009回も「ノー」と言われ続けたのです。**そして、1010回目にようやく「イエス」と言われ、ここに「ケンタッキー・フライドチキン」が誕生することになります。

あなたは、これまで目標達成のために、1009回も失敗したことがあるでしょう

か？　もちろんないでしょう。私もありません。しかし、**「必ず成功してやる」との強い信念で、やり抜けば、必ず成功するのです。**カーネル・サンダースの例がそれを物語っています。カーネル・サンダースもエジソンと同じように「次の店には、どのようにしたら、前よりもうまく売り込めるだろうか？」と自分に質問しながら営業をしたはずです。

不屈の闘志でやり抜きましょう。

7つのフィードバッククエスチョン

裁判の山場は証人尋問です。私は、弁護士を30年近く経験しましたが、いまだに重要な証人尋問の時は緊張します。尋問前には十分に準備をして臨みますが、思い通りいく時もあれば、うまくいかない時もあります。やはり、思い通りに証人から答えを引き出せた時は、痛快です。しかし、証人から思いがけず不利な証言が出てきてしまい、その後苦戦を強いられることもあります。

そのような中で意識的に行っているのが、証人尋問が終わった後のフィードバックです。証人尋問の記憶が新しいうちに反省を行います。主に次のような点について、思いを巡らせます。

1　よくできた点は何か。
2　それはなぜうまくいったのか。

3　今後も続けた方がよいことは何か。
4　うまくいかなかった点は何か。
5　それはなぜうまくいかなかったのか。
6　今後やめた方がよいことは何か。
7　今後改善すべき点はどこか。

私がフィードバックを行うのは、証人尋問だけに限りません。相手方との交渉が終わった後も、この7つの質問を自分に対して行い、フィードバックします。そして、「次回の交渉では、必ずうまくやってやるぞ！」と決意を新たにします。

また、日常の電話でも同じです。電話を切った後、今の電話について振り返ります。時間がなければ、後で行います。

このように、**日常の色々なことに対して7つのフィードバッククエスチョンを行っていると、その全てにおいて、向上し続けることができます。**人間には癖があります。弱いところもあります。癖や弱い点は、自分で強く意識して変えていかなければ、決して変わることがありません。**自分を改善してゆくためには、自分の至らない点、劣**

イードバッククエスチョンなのです。

っている点、弱い点を自覚しなければなりません。そのための1つの方法が、このフ

漢然と日々を過ごしている人と、日々フィードバッククエスチョンを繰り返している人とでは、1年後には大きな差がついていることでしょう。私の場合には、誰も意見を言ってくれる人がいないので、自分で行いますが、他人に聞いてみるのもとても有効です。ただし、その人が正直に、厳しいことを言ってくれることが条件です。

私の事務所の勤務弁護士の中には、私と一緒に証人尋問や相談、交渉などを行った後、「私の先ほどの尋問（相談あるいは交渉）は、どうだったでしょうか？　直すべき点があれば指摘して欲しいのですが」と私に対してフィードバッククエスチョンをする者がいます。このような人が伸びる人です。自分の欠点に立ち向かい、それを克服するように努力しましょう。必ず伸びていくはずです。

問題解決のための8つのクエスチョン

生きていると、様々な問題が発生します。「この問題だけは解決するのは不可能ではないか」という問題も発生します。時には死にたくなることもあるかもしれません。私は会社が倒産した時の倒産処理の仕事も行いますが、その過程で、社長さんが自殺をしてしまったことがあります。中小企業の社長さんは、自分で立ち上げた会社は自分の分身だと思っています。自分の人生そのものです。その会社が倒産するということは、人生も倒産するということです。莫大《ばくだい》な借金を抱え、負債を処理して、今後家族を守って生きてゆくということは、大きな問題です。「解決できっこない」という気持ちになるのも無理のないところでしょう。そして、生命保険に家族の残りの人生を託し、自ら命を絶ってしまったのです。

そのとき、私は言いようのない無力感に襲われました。社長さんが自殺するほんの数日前、私の事務所で打ち合わせをしているのです。「なぜ気がつかなかったのか」

と私は自分を責めました。社長さんの異変に私が気づいていれば、解決の仕方もあったように思えてなりません。

事業に失敗して会社を倒産させてしまうこともあります。経営能力の問題もあるかもしれませんが、どうしようもないことだってあります。会社を倒産させ、何億もの負債を背負っても、その後必死に頑張って全部借金を返済し、不死鳥のように甦《よみがえ》る人もいます。やむなく破産し、その後転職して家族で力を合わせて一生懸命生き抜いている人もいます。

自殺をしてしまった社長さんと、復活を遂げた社長さんの違いは何でしょうか。それは、自分への質問です。自殺をしてしまった社長さんは、「なんで俺がこんな目にあわなきゃならないんだ？　これだけ負債を負ってしまったらもうどうしようもない。家族も、もうおしまいではないか？」とネガティブに考え、負債の問題を解決できない前提で、家族を守るために自分の命と引き換えに生命保険金を家族に残す道を選びました。復活を遂げた社長さんは、「この負債を返済するには、どういう方法があるか？　いつまでにいくらずつ返済していけばよいのか？　誰に相談すれば解決策のヒントをくれるのか？」とポジティブに考え、問題を解決できる前提で自分に質問したでしょう。この自分に質問する力が明暗を分けたのです。

人生でどんな問題が発生しようと、解決できない問題はありません。**シェイクスピアは言っています。「世の中には幸も不幸もない。ただ、考え方でどうにもなるのだ」。必ず問題は解決し、そして私たちの人生は進んでゆくのです。大切なことは決して諦めないことです。そして、自分にポジティブな質問をすることです。**

以下に、問題が発生したときに、自分に対して行う8つの問題解決クエスチョンを示します。

□視点を変えた場合、この問題のよい面は何か？
□この問題を解決したら、どのような力が身に付くか？
□解決するには、どのような方法があるか？
□解決するために自分がしなければならないことは何か？
□そのために今始めなければならないことは何か？
□解決の過程で、自分が代償として差し出さなければならないことは何か？
□その代償を差し出したとしても、この問題は解決した方がよいか？

□この問題を解決するプロセスを楽しめるようにするには、どのように考えたらよいか？

つまり、**「この問題は必ず解決する」と信じ、問題が解決する前提でのみ考えるのです。そのために、自分に質問をするようにしましょう。**そうすれば、その方向で思考が始まります。そして、問題は必ず解決するはずです。

いくら問題が解決しても、もともとの短所は直しようがない気がします。しかし、**短所までも克服してしまう質問法があることをご存じですか？**

短所を長所に変える逆転クエスチョン

先ほどのカーネル・サンダースは、ケンタッキー・フライドチキンのフランチャイズを始める前、25年間、レストランを経営していました。ところが、そのレストランが競売にかけられ、店を失い、破産寸前になってしまいました。この状況は、明らかに絶体絶命です。店舗がなければレストランを経営することができないからです。

しかし、**カーネル・サンダースは、「店舗がない」という短所を「自由に動ける」という長所として逆転の発想をしました。**店舗に縛られないので、**自由に他の店舗に営業に行き、「フライドチキンのレシピを売る」商売へ転換したのです。**レストランを経営しているだけだったら、その運営に忙殺され、チキンのレシピを売る、という発想は得られなかったでしょう。

この短所を長所に変える発想の転換により、全世界で一万店舗を超える「ケンタッキー・フライドチキン」が誕生したのです。

東京池袋のサンシャインシティに「ナムコ・ナンジャタウン」があります。オープンから、衰えない人気を誇っている人気テーマ・パークです。しかし、ナンジャタウンは順風満帆でスタートしたわけではありませんでした。テーマ・パークと言えば、派手なアトラクションが人気です。ところが、ナンジャタウンのあるサンシャインシティは天井が低く、派手なアトラクションを設置することは不可能だったのです。これは、テーマ・パークとしては致命的な短所と思われました。

ところが、**プロジェクトチームは、逆転の発想をしました。**テーマ・パークは、アトラクションという「箱」とアトラクションをつなぐ「道」から成り立ちます。箱を考えると派手なアトラクションという発想しかできませんが、**発想を転換して「道」を生かすというアイデアを出したのです。**その結果パークの道を歩きながら楽しめるという新しいコンセプトのテーマ・パークが完成したのです。これなら天井が低くても何の問題もありません。

このように、短所を長所に変えてしまう逆転の発想をした例は、まだあります。北海道の旭川市に旭山動物園があります。開業したのは1967年。約15万平方メートルの敷地に百数十種、約600頭の動物が暮らす旭川市営の動物園です。北海道旭川という人の流れもあまりなく、札幌などからの交通の便もよくない場所でありながら、上野動物園（東京都）をもしのいだことがある驚異の動物園です。この動物園も、一時期は年間入園者数がピーク時の10分の1の30万人を割り込み、廃止論も出たほどでしたが、小菅正夫園長が1995年に就任して動物たちの自然の行動を見せる「行動展示」を取り入れて一気に流れが変わり、入園者数が10倍も急増しました。

実はこの旭山動物園の成功も短所を長所に変える逆転の発想に基づいています。

当初は、日本でもきわめて不便な地にある、寒い動物園で、わざわざ行く気など起こらないほどの動物園でした。「不便」「寒い」という点が決定的な短所だったのです。

「不便」というのは、旭川空港から旭川市内中心部まで35分もかかり、さらにそこから動物園まで30～40分で合計1時間を超える不便さでした。ついでに行くには遠すぎます。また、札幌から行こうと思うと、札幌から旭川市内中心部まで1時間20分、そこから動物園まで30～40分で合計約2時間です。**ところが、旭川空港から直行すると、30～35分くらいで動物園に着いてしまいます。つまり、「動物園に行く目的」だったら、非常に便利なのです。また、「寒い」という短所は、「寒い環境に適応する動物には最適な地である」という長所に変換してしまいました。**そのため、シロクマやペンギンなどが生き生きと生活している様子を見ることができます。普通であれば圧倒的な短所を長所に変える逆転の発想をした例と言えるでしょう。

では、このようなどうしようもない状況に思える時に、短所を長所に変える逆転の発想を獲得できる逆転クエスチョンを紹介します。

□この状況のどこが短所なのか？
□その短所は反対から見ると、どういう制限から解放されるのか？
□短所だと考えた前提を疑ってみると、どういう考え方になるか？
□前提を崩した上で、その解放された自由を最大限生かすには、どのように考えればよいか？
□その上で短所をカバーするにはどうしたらよいか？

この質問をケンタッキー・フライドチキンの例で考えてみましょう。

質問「この状況のどこが短所なのか？」

答え「店舗がないので、チキンを売ることができない」

質問「その短所は反対から見ると、どういう制限から解放されるのか？」

答え「店舗に縛られないので、自由に動き回れる」

質問「短所だと考えた前提を疑ってみると、どういう考え方になるか？」

答え「店舗を持たずにチキンを売ることができるか？　チキンを売るのではなくて、チキンの味を売ることができるか？」

質問「前提を崩した上で、その解放された自由を最大限生かすには、どのように考えればよいか？」

答え「移動式店舗でチキンを売る。チキンのレシピだけを売る」

質問「その上で短所をカバーするにはどうしたらよいか？」

答え「他人の店舗を借りて売る。つまりチキンのレシピを他人に売るフランチャイズビジネスを展開する」

視点を変える質問でよりよい解決策を

弁護士は、誰かの代理人になって、その人の代弁をします。お金を貸した人の代理人になれば、借りた人に対して「金を返せ」と言います。逆に借りた人の代理人になれば「金は返せん！」と言います。

私たちは、依頼人の立場に立ち、依頼人の利害を考え、依頼人が最大限の利益を得るように活動を行うことが求められているのです。

ただ、**私たち弁護士は、**依頼人の観点からのみ事件を眺めているわけではありません。**相手はこの事件をどう見ているか、どんな主張をしてきそうか、など、相手の立場に立って事件を眺めてもみます。**また、将来裁判になったら、判断するのは裁判官になりますので、双方の言い分が真っ向から対立した場合、**「裁判官は、この事件をどう見るだろう？」と、裁判官の立場に立って事件を眺めてもみます。**

このような作業を行うと、依頼人の立場からのみ考えているときには考えもつかな

かった視点を得ることができます。そのような視点を持つことにより、依頼人に有利な戦略を立てることができ、交渉や裁判を有利に展開することができる場合があります。

つまり、弁護士は、次の3つの立場に立って事件を眺めることになります。

1　依頼人の立場
2　相手の立場
3　裁判官の立場

このように、全方位的に事件を検討することにより、争点を予測することができ、結果的に依頼人に最大限の利益をもたらすことができるのです。

このテクニックを、日常の問題解決にも応用することができます。

何か問題が起こったとき、悩み事があるときには、自分の立場だけでなく、全方位的に検討してみるのです。

たとえば、人間関係で悩んでいるときは、

１　自分の立場から考える（これは自然にできます）

２　相手の立場から考える

相手が置かれた立場から考えると、自分との関係はどう対応するのか、相手の性格からすると、自分をどう見ているか、自分のこれまでの態度を相手はどう感じているか、など。

３　２人のやりとりについて、第三者にはどう見えるか

などです。

「第三者」をさらに広げることもできます。弁護士の場合には、第三者は「裁判官」になるのですが、日常の問題を裁判官の立場から考える必要はありません。

１　父親だったら、どう考えるか。

2　母親だったら、どう考えるか。
3　親友の○○だったら、どう考えるか。
4　夫、あるいは妻だったら、どう考えるか。
5　全く関係ない第三者が見たら、どう考えるか。
6　尊敬する坂本龍馬だったら、どう考えるか。

など、色々な観点から検討することができるでしょう。そして、このようなことを行うと、自分には大変重要なことだと思えていた問題が、実はそれほど重要な問題ではなく、ただ単に自分のエゴに過ぎなかった、というようなことも多くあるのです。

このように、自分以外の人の立場に立って物事を考えてみることを「チェンジアングル」と言います。**問題の当事者になってしまうと、どうしても物事を冷静に見ることができなくなります。**チェンジアングルにより、**一度自分の外に出て考えることで、冷静さを取り戻し、よりよい解決に進んでゆくことができるでしょう。**

今すぐ自分を変えるための質問ワーク

これまで、様々な質問のテクニックを解説してきましたが、最後に、今すぐ自分を変えるための質問ワークを行いたいと思います。今の自分に満足している人は良いですが、ほとんどの人は、現状に満足していません。もっともっと素敵な自分になりたいと思っています。そんな人にうってつけのワークです。

心を静めてトライしてください。

1　1年前に戻れるとしたら、まず何をしますか？
2　会社（家族）があなたに求めている役割はどんなことでしょうか？
3　あなたがその役割を果たすために、今すぐ始められることは何ですか？
4　あなたを元気にしてくれる言葉は何ですか？
5　あなたのマイナスの口癖は何ですか？「どうせ私なんて」「うまくいくはずが

ない」「やっても無駄」

6　自分の周囲で変えたいことは何ですか？　「自分勝手な上司を変えたい」「怒ってばかりの夫を変えたい」

7　あなたが「やればできるけど、やらないだけ」と思っていることは何ですか？

8　あなたが妻（夫）や恋人に怒りを感じるのは、どんなときですか？

9　あなたが目標を達成するために何かを犠牲にしなければならないとしたら、何でしょうか。例「資格試験の勉強をするために、飲み会に行けなくなる」

10　本書のどの部分を、どのような場面で、どのように活用するつもりですか？

解説

1　1年前に戻れるとしたら、まず何をしますか？

今すぐ始めて下さい。とにかく行動を起こすことが大切です。**今すぐ始めなければ、来年も同じ答えになってしまうでしょう。**

2　会社（家族）があなたに求めている役割はどんなことでしょうか？

役割を果たしましょう。エゴを捨てて。

アメリカ最大の鉄鋼会社を築き上げたアンドリュー・カーネギーは、「成功には何のトリックもない。私は私に与えられた仕事に全力を尽くしてきただけだ」（『名言』）と言っています。

3　あなたがその役割を果たすために、今すぐ始められることは何ですか？

今すぐ始めましょう。家族は、あなたに何を求めていますか？　単に笑顔を求めているだけかもしれません。それなら今すぐ笑顔を作りましょう。自分が変われば、周りを変えることができます。

4　あなたを元気にしてくれる言葉は何ですか？

その言葉を紙に書いて机の前に貼りましょう。手帳に入れて持ち歩きましょう。いつも眺めて元気になりましょう。

5　あなたのマイナスの口癖は何ですか？　「どうせ私なんて」「うまくいくはずがない」「やっても無駄」

金輪際使うのをやめましょう。マイナスの口癖は、あなたの無意識の世界に侵入してきます。そして、あなたの精神を蝕《むしば》むのです。

6　自分の周囲で変えたいことは何ですか？　「自分勝手な上司を変えたい」「怒ってばかりの夫を変えたい」

まずは自分を変えましょう。責任を他人に転嫁する人は他人を変えることはできません。また、自分を変えずに他人を変えることはできません。相手に影響を与えるには、自分が相手に影響を与えられる存在になることです。

ウェストミンスター寺院の地下大聖堂に、英国国教会大主教の墓があり、そこに次のような文章が刻まれているそうです。（『こころのチキンスープ』）

〝何の束縛もない若かりし頃、想像は果てしなく広がり、私は世界を変えることを夢見ていた。ところが、年を重ね賢くなり、世界は変わらないことに気づいた。そこで、目指すものをもう少し近いものにして、自分の国から始めることにした。

だが自分の国も変わらなかった。

老年期に入り、私の願いは悲痛な思いに変わった。自分の国もだめなら、少なくとも、最も近くにいる家族を変えることにした。

だが、悲しいことに、これすらままならなかった。

今、私は死の床についている。**なんと、今になって初めてわかったのだ。変えなければいけないのは、自分自身だったのだと。自分が変われば、家族も変わっただろう。そして家族に励まされ支えられることで、国をよくすることもできただろうし、やがては世界を変えることすらできたかもしれなかったのだ。**〟

7　あなたが「やればできるけど、やらないだけ」と思っていることは何ですか？

――**今すぐ始めましょう。このセリフを言っている人で、やりきった人を私は知りません。**

アメリカ独立宣言起草者の1人であるフランクリンは「明日為すべきことは、今日これを為せ」（『名言』）と言っています。

8　あなたが妻（夫）や恋人に怒りを感じるのは、どんなときですか？

――あなたは相手に求めすぎてはいないでしょうか？　**相手の立場に立ってみましょう。あなたが相手の立場に立ったとしたら、本当にあなたに謝るべきことなのでしょうか？**

9　あなたが目標を達成するために何かを犠牲にしなければならないとしたら、何でしょうか。例「資格試験の勉強をするために、飲み会に行けなくなる」

――何かの目標を達成するためには、必ず何かを犠牲にしなければなりません。それでも目標を達成したいと思えば、代償をいさぎよく差し出して目標に向

—かって進みましょう。

10　本書のどの部分を、どのような場面で、どのように活用するつもりですか？

—ゆっくりと考えてください。あなた次第です。

夜寝る前に行うフィードバッククエスチョン

・今日、よくできたことは何か？
・それは、なぜよくできたのか？
・今後もできるためには、何を習慣にしたらよいか？
・今日、反省すべき点は何か？
・それは、なぜ反省すべきなのか？
・今後、よりよくするために、何を習慣にしたらよいか？
・明日からやめた方がよい習慣や考え方は何か？
・明日、必ず達成することは、何か？

引用文献

『人を動かす』
（創元社 D・カーネギー著 山口博訳）

『弁論術』
（岩波文庫 アリストテレス著 戸塚七郎訳）

『ソクラテスの弁明・クリトン』
（岩波文庫 プラトン著 久保勉訳）

『その気にさせる質問力トレーニング』
（ディスカヴァー・トゥエンティワン
ドロシー・リーズ著 桜田直美訳）

『名言・名句新辞典 知恵のキーワード』
（旺文社 樋口清之監修）

『こころのチキンスープ 愛の奇跡の物語』
（ダイヤモンド社 ジャック・キャンフィールド、
マーク・V・ハンセン著 木村真理、土屋繁樹共訳）

『弁護のゴールデンルール』
（現代人文社 キース・エヴァンス著 高野隆訳）

『涙が出るほどいい話 あのときは、ありがとう 第九集』
（河出書房新社「小さな親切」運動本部編）

『反対尋問』
（旺文社文庫 ウェルマン著 梅田昌志郎訳）

主要参考文献

『トヨタ生産方式』

（ダイヤモンド社 大野耐一著）

『一瞬で自分を変える法』

（三笠書房 アンソニー・ロビンズ著 本田健訳・解説）

『推理と論理 シャーロック・ホームズとルイス・キャロル』

（ミネルヴァ書房 内井惣七著）

『実践 DVD映像60分「見る&読む」で身につくコーチング』

（日経BP社 日経ビジネスアソシエ編集）

『コーチングの神様が教える「できる人」の法則』

（日本経済新聞出版社 マーシャル・ゴールドスミス&マーク・ライター著 斎藤聖美訳）

『精神科医が教える 1億稼ぐ人の心理戦術』

（中経出版 樺沢紫苑）

『億万長者の知恵』

（青春出版社 藤井孝一監修）

『営業の魔術』

（日本経済新聞社 トム・ホプキンス著 川村透訳）

『世界一の「売る！」技術』

（フォレスト出版 ジョー・ジラード+ロバート・L・シュック著 石原薫訳）

『私に売れないモノはない！』

（フォレスト出版 ジョー・ジラード+スタンリー・H・ブラウン著 石原薫訳）

『影響力の武器 なぜ、人は動かされるのか』

（第二版 誠信書房 ロバート・B・チャルディーニ著 社会行動研究会訳）

本書は、２００９年に発売された
『人を動かす質問力』（角川書店刊）を
改題・加筆修正し、文庫化したものです。

弁護士
谷原誠
Tanihara Makoto

弁護士。1968年愛知県生まれ。明治大学法学部卒業。91年司法試験に合格。企業法務、税法、人身損害賠償、不動産問題などの案件・事件を、鍛え上げた質問力・交渉力・議論力などを武器に解決に導いている。現在、みらい総合法律事務所代表パートナー。『気持ちよく「はい」がもらえる会話力』（文響社）など著書多数。

「いい質問」が人を動かす

著者　谷原誠

装丁・イラスト　小寺練・神戸順

発行者　山本周嗣

発行所　株式会社 文響社
ホームページ　http://bunkyosha.com
お問い合わせ　info@bunkyosha.com

印刷・製本　中央精版印刷株式会社